AF288255

Oskar Huth
Überlebenslauf

Herausgegeben von Alf Trenk

Merve Verlag Berlin

© 2001 Merve Verlag Berlin
Postfach 150 927   10671 Berlin
Printed in Germany
Druck- und Bindearbeiten: Dressler, Berlin
Umschlagentwurf: Jochen Stankowski, Dresden
ISBN 3-88396-164-7

www.merve.de

Inhalt

Was ich so von meiner Kindheit in Erinnerung habe - ach, herrlich! Und was ich mir immer vorstellte und wußte (ich habe ja mal nachgeforscht:): Wo kamen die denn alle her und welche Berufe hatten sie -? Und dann waren sie in der mütterlichen Linie niemals sonderlich dotiert, sondern Küster, Kirchendiener und Schäfer, wobei ich den Schäfer für besser halte als den Küster.

Aber die müssen gesoffen haben! Und Schäfer können das in der Tat. Denen merkt man nicht an, daß sie betrunken sind, die reden keinen Blödsinn. Die haben so eine Ruhe...

In der väterlichen Linie waren sie alle Instrumentenbauer. Da hat keiner gesoffen. Mein Vater verachtete es, und meine Mutter hat nie richtig empfunden, daß ich doch'n bißchen dazu neige - wahrscheinlich deswegen, weil ihr jüngster Bruder sich zu Tode gesoffen hat.

Mein Großvater müßte eigentlich im Lexikon drinstehen, der war der mechanische Chef der Firma Hupfeld, die die bedeutendsten mechanischen Klaviere baute. Und der Urgroßvater war im ganzen thüringischen Bereich ein lebendiger Orgelbauer - aber alle nur erachtet als Handwerker. Da lebten sie in dieser Gesellschaft ganz lebendig und bedeutend, aber kein Mensch machte davon ein Aufhebens.

Meinen Großvater hab' ich nicht mehr erlebt. Meine Großmutter auch nicht, meine Urgroßmutter ebenfalls nicht. Die ist ja hundertfünf Jahre alt geworden - quatsch, hundertvier! Mein Vater hat sie noch erlebt. In der väterlichen Linie sind sie alle sehr alt geworden.

Mein Großvater, der ist nicht sehr alt geworden. Aber da hat mir mein Vater erzählt, dem habe man mal einen Stuhl über den Kopp geschlagen. Dabei entstand eine Verletzung, die einen vorzeitigen Schlaganfall bewirkt hat. Dann starb er mit einundsechzig Jahren, das war 'n bißchen früh. Aber sonst sind sie alle über neunzig geworden in der väterlichen Linie.

Ja. Jetzt hab' ich nur noch zu warten, wann mir eener 'n Stuhl über'n Kopp haut...

Was die Menschen für eine Kraft hatten, als mein Vater ein junger Mann war und ich noch ein Kind, das kann man sich heute gar nicht mehr vorstellen. Ich denke manchmal, daß ich's bloß geträumt hätte: Sechs Leute im Magazin, die gleichzeitig stimmten! Sechs Instrumente...!

Mit Bildern ging er um in einer außerordentlich naiven Weise. Also, vom optischen Spiritualismus verstand er nichts. Gar nichts!

Er konnte an Menschen sehr gut erkennen, wer da ein „Schöner" war. Und sehr schnell (und da waren seine Vorurteile - au verdammt, er konnte in einigen Dingen sehr intolerant sein!)...wenn dann der „schöne" Mensch für ihn plötzlich immer häßlicher wurde, weil er dann glaubte, erkannt zu haben: „Dieser Mensch ist böse und dumm" - ja, dann hat er immer gesagt: „Osse, ich hab mich geirrt. Dis is'n ganz häßlicher...is'n ganz häßlich'r Gärrl! Dis hab' ich bloß nich gleich gesähn..."

Ja. Seine Naivität hat ihn zu einem souveränen Meister werden lassen. Der sich nicht verkoofen konnte! Das konnt' er nun ganz und gar nicht...

Als mein Vater in Woltersdorf die Orgel aus dem siebzehnten Jahrhundert mit Respekt restaurierte, da sind wir immer durch den Rahnsdorfer Wald gelaufen, über Erkner nach Woltersdorf. Da hat mir mein Vater zwei-, dreimal den Weg gezeigt...er ist ja selber so aufgewachsen, daß man durch die Landschaft, durch die Wälder geht.

Das Erlebnis werd' ich nie vergessen: So eine Weite! Nicht wie in den degenerierten Parks, wo man die Tauben füttert. Und das köstliche Konzert der vielen Vögel...

Plötzlich kommt ein Buchfink 'runter und setzt sich ihm auf die Schulter! Und Väterchen sagte: „Er ist guter Gesinnung - aber ganz hab' ich ihn nicht verstanden." Meine Mutter war immer dagegen, Tiere im Haus zu haben. Einmal wurde mir so'n Vogel geschenkt, ein Zeisig. Der grüne Zeisig. Mit Käfig, es war ein Luxus-Käfig! Aber ich hatte damit meine Schwierigkeit. Nee, det stimmte nich ganz! Ich ließ ihn dann fliegen: Fenster auf - war er weg! Und kam nicht wieder. Domestizierte kommen wieder, Kanarienvögel meistens...

Bei uns haben sich jahrelang so komische Sachen abgespielt - mein Vater hat durchgehalten, mit meiner Mutter zu leben und wahrscheinlich meine Mutter auch mit ihm. Aber es war 'ne schwierige Sache, es kam zu ziemlichen Strapazen, die natürlich in solchen Verhältnissen auch die Nachbarn mitkriegten.

Wir war'n merkwürdige Leute, die einesteils von den Nachbarn sehr respektiert wurden. Aber die konnten sich überhaupt nicht vorstellen, daß die Familienverhältnisse bei uns so merkwürdig wären.

Merkwürdig deswegen, weil von Zeit zu Zeit immer aus dem vierten Stock ein Klavier 'runtergehievt wurde und sich die Leute beschwerten, wenn Väterchen in die Waschküche ging. Im Berliner Osten war'n die Waschküchen alle oben! In die Waschküche mußte er gehen, um die Wirbel einzuschlagen. Das war ein ungeheurer Krach.

Aber der Hausbesitzer war ein Jidd, und der sagte: „Wenn Sie ihre Miete ooch nich so pünktlich zahlen und manchmal ooch unpünktlich - wer so'ne Arbeit macht, der bleibt hier."

Im Hause meiner Eltern gab's keine Bücher. Es gab nur ein paar handwerkliche Fachbücher und sonst gar nichts. Es gab allerlei Noten, die waren interessant, aber sonst nichts. Meine Mutter las gern, aber tendierte sehr zu Courths-Malheur-Romanen, und das fand mein Vater gar nicht gut. Ach, das war 'ne sonderbare Sache!

Ich bin als Kind immer in die Bibliothek gegangen. Bücher wurden mir nie geschenkt, auch von der mütterlichen Seite her nicht. Mein Vater hatte keinen Zugang zu Büchern, der las ja ooch nicht die Zeitung...

Als wir in der Schule dann 'rangeführt wurden, an Cervantes' „Don Quichotte" - könnte vielleicht gewesen sein, daß mich das so aufgeregt hat. Und Jules Verne! Dadurch bin ich dann 'rangekommen, bin in die Schulbibliothek gelaufen, ja, und hab' darüber manchmal meine Schularbeiten vergessen... vergessen, verdrängt. Und dann kam hinzu: Es waren zwei Drittel Juden in meiner Klasse. Wenn ich in deren Häuser kam, da gab's überall Bücher.

Ich hätte mich für Sprachen sehr interessiert, aber die Bedingungen waren außerordentlich ungünstig. Unsere Lehrer, als ich denen in späteren Jahren wiederbegegnete, da hatt' ich den Eindruck: Mensch, die gehören doch alle in 'ne Irrenanstalt!

Man konnte spüren diese extreme Art von Unbildung - das waren nur Detaillierende, die mehr oder minder Kapitel aus den Lexika extemporierten. Sonst gar nichts, keine pädagogischen Qualitäten, nichts! Ich kann mich noch an einen Biologielehrer und an den Musiklehrer Bomme erinnern - die waren ulkig. Aber alles andere war fürchterlich.

Ich habe immer noch eine Erinnerung: Ich war damals dreizehn oder vierzehn Jahre, da war der Albert

Einstein in der Frankfurter Allee Volkshochschullehrer. Ja. Da gab's schon die Relativitätstheorie, die seine. Und er hat Vorträge gehalten...man konnte gar nicht mehr glauben, daß er über Mathematik spricht. Und dann die Stimme!

Es war mal eine Ausstellung „Die Physiker" in der Staatsbibliothek. Da sah man unter anderem, wie sie eine Vorlesung und mal so'ne kleine Rede hielten vor'm Auditorium. Und da konnte man die Stimmen hören: Einstein, Max von Laue und - (fall'n mir jetzt alle nicht die Namen ein).

Es war erstaunlich: Die von Einstein, die vergißt du nicht mehr! Er hat geflüstert. Aber so präzis und mit einer solchen humanen Bedachtsamkeit, wo auch immer der Zweifel mit drin war. Und mit athletischer Gemütscourage! Aber unsere Professoren...

Mit vierzehn bin ich von der Schule weggegangen und bin auf Schiffen gefahren. Das war die „Albert Ballin" (so hieß sie immer noch, trotz der Nazis!) und die „Oldenburg".

Und dann war da ein umgehexter ehemaliger Passagierdampfer, der billig Maschinen nach Ostasien fuhr.

Die „Oldenburg" auch, aber auf beiden gab es außerdem teure Passagen. Das waren dann Luxuspassagiere, die immer mit dem Käpt'n und den Offizieren speisten. Die „Oldenburg" fuhr sogar noch im Kriege.

Auf diesen Kästen fuhr ich als Schiffsjunge. Brüderchen, dabei konnte man schon die Schnauze voll kriegen!

Wenn ich einen Urlaub hatte von der Seefahrt, dann bin ich hier ins Museum gegangen und wollte verschiedene alte Meister kopieren. Ich habe mir die Kopiererlaubnis auf diese Weise geholt, daß ich nach Drucken kopierte, immer ins Museum ging.

Zuerst in die Nationalgalerie. Dort kopierte ich Hosemann, Krüger, Hasenclever. Dabei lernte ich den Landgerichtspräsidenten Dr. Kirschstein kennen, den die Nazis aus dem Amt geworfen hatten. Der wohnte in der Lynarstraße Ecke Hubertusallee, wo jetzt die Tankstelle ist. Und der holte mich da heraus und ließ mich in der Fackelmannschen Privatschule das sogenannte Begabtenabitur machen.

Das ging wahnsinnig schnell. Der Kirschstein war ein unerhört großartiger Pädagoge. Er schleppte mich durch alle Ausstellungen, durch die Museen.

Mittags war ich immer bei ihm zum Essen eingeladen, dann machte er seinen Mittagsschlaf. Es stand mir seine Bibliothek zur Verfügung, mit allen Anweisungen, was ich lesen sollte - ich sollt' es lesen und mich nachher mit ihm darüber unterhalten. Ich hab' dann das Abitur gemacht im Oktober, im Jahre sechsunddreißig.

Wir waren zweiundvierzig in der Klasse, darunter dreißig Juden. Deren Väter kamen alle aus dem gastronomischen Gewerbe um den Alexanderplatz herum, und diese wiederum waren die besten und duldsamsten Kunden meines Vaters. Die sagten: „Na, wenn er mit dem Klavier noch nicht fertig ist, warten wir. Aber wir kriegen 'n excellentes!" Und in der Klasse waren wir alle Freunde, ich kam in deren Häuser.

Eine politische Gesinnung - das kam bei mir sehr spät. Das kam so, ja, so vierunddreißig, sechsunddreißig, wo man nun spürte: Jetzt sind die Nazis da. Und in Berlin hatt' man alles schon erlebt - wenn sich die Nazis und die Kommunisten, die Horst-Wessel-Leute mit den Thälmann-Leuten die Schlägereien lieferten und die Polizei ganz tendenziös die Nazis unterstützte.

Wär' mein Vater nicht gewesen, dann wär' ich womöglich ganz naiv in die Hitlerjugend 'rein, wo doch das Angebot an Betriebsamkeit war...

Gleich nach dem Abitur hab' ich mich für das Wintersemester immatrikulieren lassen, an der Hochschule für Bildende Künste. Mein erster Lehrer war ein Orlik-Schüler, der kriegte damals gerade seine Professur: Gerhard Ulrich. Der ist heute Illustrator bei Bertelsmann. Aber kam direkt von Orlik, war ein hervorragender Zeichenlehrer! Janz akademisch, aber jut.

Als ich kam, mußte Orlik gerade gehen. Und siebenunddreißig mußte Gieß gehen. Und dann war ich, nach Ulrich, bei Strübe, bei Blondke, bei Wehlte in der Maltechnik, und bei Professor Michel in der Drucktechnik. Ich hatte ein Stipendium, aber nur in diesem ersten Semester. Im Sommersemester siebenunddreißig war's dann mit dem Stipendium aus. Da hab' ich nachher über Land gearbeitet, über Land die Telegraphenmasten von Karlshorst bis Fürstenwalde gestrichen. In aller Herrgottsfrühe aufgestanden - um vier, manchmal um halb vier, im Sommer.

Und wenn man dann, kurz vor Fürstenwalde, in Erkner sein mußte, hinter Hangelsberg: Da gingen diese Dinger aus vom Kraftwerk Klingenberg, und *die* mußten gestrichen werden. Das wurde verhältnismäßig gut bezahlt, und davon hab' ich gelebt. Ja. Das hab' ich ein Jahr lang gemacht, ein Jahr lang durchgehalten. In den Wintermonaten fiel's aus, aber im Frühjahr fing's schon wieder an.

Ich erinner' mich noch, wie heiß das war. Überall ist frische Luft, aber diese Dinger akkumulierten so die Wärme! Und obwohl du im Freien warst, war der Gestank vom Lösemittel derart - da war ich manchmal ziemlich fertig. Und dann kam ich zurück und hab', statt in die Malklasse zu gehen, Schach gespielt. Damals spielte ich noch Schach, ja.

Dann waren's die einen Lehrer, die mit mir zufrieden waren und die anderen, die wieder was gegen mich hatten. Und der Studentenbundführer Scheuermann, der hatte mich auf'm Kieker!

Und da hatte mich noch einer auf'm Kieker - das war der Mann vom „Grünen Stand der Spree" - der Hans Scholz. Der war der zweite Vertreter des Studentenbundes, der den Scheuermann manchmal vertrat. Im Jahre achtunddreißig hat er ihn ganz vertreten - Hans Scholz.

Ja. Deswegen waren unsere Begegnungen nach dem Kriege immer 'n bißchen eigenartig. Wie er mir so sagte: „Schaftstiefel und 'n braunes Hemd mußt du dir koofen - 'n Schulterriemen brauchst du ooch, sonst

17

geht's mit dir nicht so weiter" - das war die Richtung von Herrn Hans Scholz, damals. War immer 'ne komische Sache, wenn wir uns später begegnet sind in der „Vollen Pulle", bei Zellermayer. Aber der Mensch darf seine Meinung ändern, das ist erlaubt...

Die Kristallnacht hab' ich noch in absoluter Erinnerung. So um Mitternacht verließ ich das Café „Zum roten Reh" in der Kurfürstenstraße, wo ich immer verkehrte. Gestattet mir da vorher eine kleine Abschweifung:

Ich ging die Kurfürstenstraße immer gern entlang, wegen der schönen Villen und weil ich da mal als Jugendlicher, als Makowsky mir die Kopiererlaubnis gab, in seiner Galerie kopiert habe: Bilder von Baluschek in nachfühlender Art - Halensee-Bahnhof, Rummelsburg, Kraftwerk Klingenberg und solche Sachen. In der Kurfürstenstraße hatte auch Arthur Kampf sein Atelier. Arthur Kampf war ein wilheminischer Maler, dem es so ging, wie vielen deutschen Malern, beispielsweise Hans Thoma.

Ich führe die Leute bei meinen Museumsbegehungen immer zu Hans Thoma, um ihnen zu zeigen, daß in seinen Landschaften schon ein Impressionismus ist, zwar deutsch geartet, den man aber mit dem kultivierten (wie in nobelster Weise parfümierten) eines Monet - hier aber ohne Parfüm! - durchaus vergleichen kann.

Bei den Deutschen ist das immer so eine tragische Sache: Bisweilen ganz großartige Maler, und dann kommt auf einmal die Wartburg! Ludwig Richter, Hans Thoma - dann sind sie wirklich die Parterre-Anekdoten-Schilderer. Der wilhelminische Spitzhelm kommt plötzlich penetrant durch.

Nun hat auch dieser Arthur Kampf, der so ganz wilhelminisch war (aber kein Nazi, sondern Preuße, er hatte auch keine Professur mehr in der Nazizeit) bisweilen ganz ausgezeichnete Bilder gemalt. Und dann war er wieder der banalste Historienmaler, der nicht einmal, obwohl er's hatte, das billige Handwerk eines Neo-Makarts zu beherrschen schien.

Kampf versuchte es dann dramatisch und einfach und schlüssig in großen Formen: Gigantisches wilhelminisches Pappmaché!

Ihm muß es bisweilen so gegangen sein, daß er diese menzelhafte Nervosität... der wollte irgendwie in die Antike hinein. Aber vom Wilhelminischen bis zu einem Winckelmann (der uns ja mit der Geschichte getäuscht hat) -?!

Und über den Winckelmann hinaus, da hat er's nicht mehr geschafft - so blieb die Sache eben auf dieser Stufe der Pappmaché-Architektur. Wo er wirklich gut war, könnt' ich mir vorstellen - natürlich in einem anderen Bildungsniveau, dem gehobenen Bürgerstand - ging's dem Kampf vielleicht ganz ähnlich wie unserem Kurtchen Mühlenhaupt, der auch nicht weiß, wo er wirklich gut ist.

Ich konnte die Delikatesse bei Kampf erkennen, aber die pathetische Sache machte mir ebenfalls Eindruck. So kam ich eines Tages auf die Idee, ihn aufzusuchen.

Ich hab' das ganz naiv gemacht, die Adresse ausgekundschaftet, bin zu diesem Atelier 'raufgegangen.

Der Kampf, der hatte ein immer rotes Gesicht (ob es alkoholisch war, will ich nicht sagen), aber wie von einer über's ganze Gesicht gehenden Rasur-Reizung. Es war ein etwas merkwürdiger Anblick: So zwischen preußischem Polizeileutnant und Landrichter mit künstlerischen Ambitionen. Da waren die Beziehungen zu Leistikow und Berliner Künstlern, aber er war eben der Preuße...

20

Zu dem ging ich nun und zeigte ihm mein „Kraftwerk Klingenberg" - dieses Bild hängt vielleicht noch heute bei meinem Jugendfreund Herbert Selchow.

Kampf empfing mich - buschige weiße Haare, weißer Schnurrbart, stahlgraue Augen -, war aber freundlich und guckte sich die Sache ganz ernst an. Und sagte: „Ja, junger Mann, Sie haben Talent, aber Sie müssen zeichnen lernen."

Ach, hat mir das eingeleuchtet! Aber daß ich auch empfangen wurde, das war so außerordentlich, und das hat mich immer beeindruckt...

Jedes Mal, wenn ich später die Kurfürstenstraße entlangging, geschah das mit dieser Rührung: Hier war das mit Arthur Kampf! Diese Straße hatte für mich auch beseligende atmosphärische Zaubereien.

Ich bin ja im Berliner Osten - Warschauer Brücke, Schlesischer Bahnhof, Holzmarckstraße - aufgewachsen. Mich zog es doch immer nach dem Westen!

Wenn ich mit dem Fahrrad die Frankfurter Allee, den Straußberger Platz, die Kleine Frankfurter Straße überwunden hatte...Elisabethstraße rechts 'rüber zur Kleinen Landsberger und dann über den Alex in die

Königstraße hinein, Königstraße über die Brücke, und dann war ich vor'm Schloß (links der Marstall, rechts das Schloß, dieser Säulen-Alkoven vor'm Schloß - da, wußt' ich, hat immer Friedrich Wilhelm III. in den Napoleonischen Zeiten mit der Königin Luise...) - dann wähnt' ich mich im Westen. So, hier wird's dotiert!

Weiter gestrampelt die Linden bis zur Puppenallee, Puppenallee zum Kemper Platz, das „Moca Efti", vor zum Potsdamer Platz, die Bellevuestraße, wo die großen Kunsthändler saßen, das „Esplanade"...

Nun ja. In dieser Nacht, die zur „Kristallnacht" wurde, ging ich nicht die Kurfürstenstraße hinunter, sondern nahm den Weg über Tauentzien, Wittenbergplatz, Kleiststraße. Da gab's einen Platz anstelle der heutigen Urania, das war das eigentliche Antiquitäten- und Antiquariatsviertel.

Und wie ich bereits den Nollendorfplatz erreicht hatte, sah ich plötzlich zwei SA-Leute in einem Motorrad mit Beiwagen. Ich sah, wie die anhielten und mit so'ner Eisenstange etliche Scheiben einschlugen.

Ich lief dann weiter durch die ganze Potsdamer Straße, über die Potsdamer Brücke bis zum Potsdamer Platz, über Spittelmarkt, Molkenmarkt, die ganze Leipziger

Straße 'runter: überall Motorräder mit SA in Uniform - nicht getarnt! -, einer hintendrauf oder im Beiwagen, der schlug mit der Eisenstange die Schaufenster ein.

Und am nächsten Tag konnte man in der Zeitung lesen: „Das war der Volkszorn - die Stimme des Volkes." Es war nicht die Stimme des Volkes, es war organisierte SA!

In der Königstraße gab's das Kaufhaus Israel. Da hatten sie sich Steine mitgenommen. Da waren nicht die unteren Auslagen kaputtgeschlagen, sondern die Fenster der ersten Etage.

Ich lief weiter über die Königstraße, die Frankfurter Allee bis zur Weberwiese, bis zur Warschauer Straße, überall dasselbe Bild. Einmal stand ich so und guckte, da herrschte mich einer an: „Geh' nse weiter!"

Am nächsten Tag besuchte ich meinen Freund Günter Stillmann. Den hab' ich kennengelernt durch Karl Radtke aus der Zeichenklasse beim Professor Gerd Ulrich, erstes Semester, ab Oktober sechsunddreißig. Ein gedrungener Mensch, aber ein ungeheuerlicher Athlet und von einer seltsamen inneren Festigkeit, wie ein japanischer Ringkämpfer. Ein köstlicher jiddischer

Simson, der Karl und mich über längere Strecken ernährte.

Es ging uns nämlich beiden dreckig, weil Karl, wie ich, nicht im Studentenbund war und Hans Scholz und Scheuermann genau so fürchtete. Weil Karl aber mit Günter Stillmann eng befreundet war, fiel auch auf mich was ab.

Günter Stillmann war ein so warmherziger Bruder, der uns alle in den Arm nahm, dessen Lebenstüchtigkeit ungeheuer war. Der kam immer mit der Straßenbahn, auf dem vordersten Perron, wo man was mitnehmen konnte, mit zwei oder drei Hutsäulen. Denn er verkaufte Hüte. Und am Steinplatz stieg er ab, ging kurz in die Mensa und bezahlte für uns das Freßchen. Na ja, und dann tafen wir uns am Abend wieder.

Der wohnte nun als Untermieter in der Köpenicker Straße. In dieser Wohnung hauste als Untermieter auch ein Zuhälter, der machte immer so komische Bemerkungen...

Günter hatte sich schon um Ausreise bemüht, und es wurde auch immer wahrscheinlicher, daß sie ihm gelingen würde. Es war die Zeit, wo vielfach Holzkisten vor verschiedenen Häusern standen, mit diagonal gehaltenen, drei- bis vierzölligen Eisenbändern, und davor ein Lastwagen. Man wußte, das waren Juden, die das Geld hatten, sich freizukaufen und auszuwandern. Günter Stillmann konnte das inzwischen auch, er wollte nach Palästina.

Er überlegte sich nun: Welche Tätigkeit üb' ich dort aus? Und wollte von mir wissen, wie man als Anstreicher Wände weißt. Ilse Haag, seine jüdische Freundin, konnte er nicht mitnehmen. Sie wollte auch nicht, weil ihre Mutter gebrechlich war. Sie hat den ganzen Krieg versteckt hier verbracht.

Ich wurde dann zum Arbeitsamt eingezogen. Aber Kautsch - das war der damalige Kustos, ein alter Preuße - der hat mir (und die Professoren mir auch) eine ungewöhnliche Begabung bescheinigt und daß es schade wär', mein Studium zu unterbrechen. So wurde ich immer wieder freigestellt.

Zwei oder drei Monate vor der Maststreicherei hat mir Kautsch eine Arbeit vermittelt in der Hannoverschen Straße, im Bereich Charité/Luisenstraße. Dort saß damals das Veterinäranatomische Institut. Da schickte mich Kautsch hin, die brauchten gerade einen anatomisch- wissenschaftlichen Zeichner.

Da zeichnete man den abgezogenen Pferdekopf, Kuhkopf, Schafsköpfe - das ganze Vieh, abgezogen vom Fell. Und man sagte mir: „Machen Sie das recht anschaulich."

Aus dieser Zeit weiß ich, daß die Veterinär- und *homo sapiens*-Atlanten damals alle besser waren als das, was man heut mit der Photographie wiedergibt. Der *chirurgus*, der Anatom von heute hat es mit seinen Photographien viel schwieriger. Die alten Xylographen und die Zeichner, die brachten eine Anschauung, so kraftvoll, daß man sich von da aus bis in die Mikro-Betrachtung hineinanatomisieren konnte!

So. Da war ich nur eine kurze Zeit und flog heraus durch einen ganz läppischen und dußligen Umstand.

Der Professor, der das Institut leitete, war nach meiner Einschätzung ein Säufer - selbstverständlich eine subjektive Einschätzung, denn wenn jemand viel trinkt und von einem Trinker erkannt wird in dieser seiner Tüchtigkeit, ist es immer fraglich, ob er den schon als Säufer klassifizieren darf.

Er sagte immer: „Suchen Sie möglichst räumlich darzustellen, stellen Sie die Muskulatur dar, und vor allem - Sie sehen ja, daß das Pferd hier zu wenig Gehirnraum hat. Und zeichnen Sie die Muskulatur, die an den Ohren sitzt."

Der Kopf hatte in Karbol gelegen, und daß das mal rotes, lebendiges Fleisch war, konnte man gar nicht mehr sehen. Das sah aus wie grauer Gummi, überstrichen mit einer sehr gesättigten Zuckerlösung, die leicht auskristallisiert ist und etwas glitzert. Warum erzähl' ich das: Weil dieses Glitzern störte, die Muskelstränge deutlicher zu sehen.

Na, und ich suchte so rum nach den Bändern - die hier sitzen an den Pferdeohren. Bei uns gibt's da keine, wir können das Ohr nicht bewegen, aber beim Pferd gibt's da so fabelhafte Sachen: Es kann das eine Ohr nach hinten wenden und das andere nach vorn. Diese Tatsache habe ich aber schon als Kind wahrgenommen, aus Veranlagung und kreatürlichem Sich-selber-Fühlen.

Nun, eines Tages war wieder der Pferdekopf da, schlächtermäßig auf den Tisch gelegt, darunter ein Billroth-Tuch, damit das nicht sabbert, nicht ausläuft. Also, ein ekler Anblick (deshalb kann ich auch die Maler heut' nicht ausstehen, die sich in die Ekelhaftigkeit hineinbegeben. Zum Kotzen. Nur Aufwand und theatralischer Mist!)

Ich betrachtete mir also diese Sache mehrmals genau und zeichnete nun diesen Kopf und die Bänder, wobei ich aber darstellte - weil mir das wichtig erschien! -, daß das Pferd die Tüchtigkeit hat, das eine Ohr *so* zu stellen und mit dem anderen *so* zu machen.

Da kommt der Herr Professor mit so'ner Schnapsfahne - um, nehme ich an, sich gegen den Karbolgestank ein bißchen wehren zu können - und sagt: „Sagen Sie mal, sind Sie verrückt geworden? Haben Sie schon mal ein Pferd gesehen, daß das eine Ohr *so* hält und das andere *so* - ? Das kann das Pferd überhaupt nicht!"

Der war sturzbesoffen, der Herr Professor, und war selbstverständlich ein beschissener Anatom und ein schlechter Beobachter. Einfach der richtige miserable Knallkopp, der 'ne Professur hatte und niemals was beobachtete.

Als ich ihm zeigte: „Hier, an der Lippe, ist ein Ringmuskel, und hier ist er nur unterbrochen. Am Ohr dieselbe Sache, und hier sehen Sie's an der Schnauze, an den Nüstern. Das kann ja auch die eine Nüster herausstecken und die andere nicht" - da war er stumm, verärgert ('n paar Leute hörten zu) und sagte: „Machen Sie das anschaulich!"

Also, die Sache war gestrichen. Und ich fing noch mal an zu zeichnen und zeichnete nun mit einer gewissen Beklommenheit ein bißchen übertrieben die Muskelverkürzung. Dann schaute er sich das an, und mein Federstrich war ihm zu dick.

Am nächsten Tag, als ich wiederkam, da konnte ich mir das kleine Papierchen holen, den Zettel: „Sie sind hier nicht der richtige Mann für uns." Daraufhin blieb mir dann nichts anderes übrig als die Sache mit den Telegraphenmasten.

Ein paar Monate vor Kriegsausbruch sagte der Kautsch zu mir: „Wenn Ihnen Ihre Arbeit zu schwer wird, hab' ich hier eine ganz besondere Sache. Woll'n Sie das mal versuchen? Sie können als wissenschaftlicher Zeichner im Botanischen Institut Dahlem arbeiten. Da gibt's den Professor Herder, bei dem melden Sie sich. Der hat den Auftrag vom Ernährungsminister Darré, pflanzenbiologische Experimente zu machen."

Herder galt als der große Botaniker. Und von ihm galt die Rede - nicht als Witzwort! - daß man aus Hafer oder Gerste (das weiß ich jetzt nicht mehr so genau) - daß man die koppeln kann und daß daraus eine Art Pseudo-Kakao entsteht. Solche Experimente machte er.

Meine Aufgabe dabei war, Herbarien zu zeichnen: Verschiedene Pflanzenfamilien, Körbler oder Einzelblütler, Wurzeln, Blätter, Gebilde, die Anatomie der Pflanze. Die Hauptarbeit dabei galt den Moosen, dem, womit man sich ernähren konnte.

Da hat man Überlegungen angestellt, womit die Soldaten im hohen Norden, wenn sie nichts zu fressen haben, das Hungergefühl abstellen können: Indem sie ein bißchen Isländisch Moos trocknen und sich damit, nach Art der Bären, den Magen füllen. Dann fällt zwar der Winterschlaf aus, aber sie haben das Hungergefühl nicht mehr.

Von solchen Dingen hörte ich, weil ich ja nicht wußte, wofür eigentlich und den Prozeß nicht verstand.

Ich hatte nun die Herbarien und mir wurde klargemacht, wie man die Pflanzen in einem Beutel über Dampf hält. Und langsam entfalten sie sich, wie japanische Papierblumen, und die Anatomie kommt wieder 'raus. Und jetzt mußt du das hinlegen, Glocke 'rüber und die Feuchtigkeit halten und mit Feder und Skribtol die Anatomie darstellen.

Ich lernte, ziemlich mühsam, auf eine ganz andere Art zu sehen. Aber nach einer gewissen Weile hatt' ich's 'raus, wie so ein Stengel strukturiert ist, und fühlte mich zuletzt auch ein in die Zellen, wie sie sich aufbauen, fühlte sogar dann das Tempo, in dem die Pflanze wächst.

Das verdank' ich alles dem Herder. Er war damals kein Greis, er war ein Mann so in meinem Alter, er machte ungeheure Reisen. Ich habe nach dem Kriege keinen Botaniker mehr kennengelernt, nur mal in der Kneipe sind mir'n paar begegnet.

Und das war sehr ulkig: Aus der Strecke dieser Arbeit am Botanischen Institut konnte ich noch Jahre danach plötzlich erkennen: „Sagen Sie mal, Sie sind doch Botaniker -?"

Also, wenn Pharmazeuten bisweilen schon eigenartige Temperamente sind, dann sind Botaniker manchmal ganz unglaublich kauzige Leute. Allerdings höchst selten von Spitzwegs eigentümlicher Wahrhaftigkeit. Das nicht - oder ich hab' sie damals nicht richtig verstanden.

Das waren merkwürdig in Nebensachen zerzauste Leute. Eine ganz verrückte Fixlichkeit, wie etwa: „Du kennst eine Pflanze nicht - sie muß doch anzufassen sein!" Und plötzlich ist das Ding entweder scheußlich klebrig, oder eine unangenehme Rauhigkeit - uöööh!

- oder sieht schön aus und ekelt die Nase mit Gestank. All diese Verblüffung hat man mit Botanikern...

Im September neununddreißig brach der Krieg aus. Der Polen-Feldzug dauerte ja nur vier Wochen. Am 1. Oktober wurde ich eingezogen zum Fliegerausbildungsregiment Schönwalde. Das lag hinter Spandau, da fuhr man mit der Kleinbahn hin. Am Bahnhof Spandau-West wurden wir abgeholt, und dann ging's mit der Kleinbahn nach Schönwalde.

Naja, da gab's noch mal 'ne Untersuchung auf dem berühmten Dreh- und Schleuderstuhl, und ich wurde natürlich für fliegertauglich befunden. Ich war damals ganz gesund, war vollkommen schwindelfrei.

Wir kriegten eine Ausbildung - das gelbe Buch für Pistole, das blaue Buch für Gewehr -, hatten die Fliegerausbildungs-Uniform, wurden gedrillt auf Schießen mit dem Gewehr 98, auf Pistole.

Ich versuchte es nun mit der Taktik: Nicht *ich* bin krank - *die* sollen darauf kommen, daß ich krank bin!

Aber das war ganz einfach. Du knallst dir den Stahlhelm an, du machst dir das Koppel eng. Beim Essenfassen - du glaubst ja gar nicht, was so 'ne Männerhorde, wie tierisch die entarten kann. Wenn das an's Fressen geht, da achtet keiner mehr drauf, was der andere neben ihm frißt.

Ich bin immer mit dem Teller gelaufen, der Teller war vollgeschmiert und so, und dann schien er schon wieder leer. Ich sagte: „Ich hole mir noch einen." Ich holte mir gar nischt! Ich war im Hungerstreik. Aber alle glaubten, der frißt ja ungeheuer...

Na, dabei mußt' ich natürlich umkippen. Wenn du da so im Appell stehst, so im Oktober, es war gerade noch ein warmer Oktober, und da mußten wir wirklich so zwanzig Minuten stehen, ohne zu rühren - du, das ist 'ne kanaillenhafte Strapaze!

Und wenn der Hauptfeldwebel so vorbeikam, sich die Sache ansah, dann fiel mir gerade, ich mußte gar nichts unternehmen, das nicht gehabte Essen aus dem Gesicht... „Na, wat haben Sie denn -?!"

„Ich habe jar nischt, es ist ungewohnt, geht alles wieder vorbei..."

Naja, und dann war ich dran, für die Stube den Kaffee zu holen mit so 'ner Kuhtrabe. Da schrubbte einer gerade mit der Zahnbürste die Treppe. Ich komme mit meinem Dings da lang, munteren, leichten Schritts, und

wie ich oben bin - hooiih! - ach, da kullern wa mal
'runter. Ha!

Die hatten nun auch Angst: Mensch, vielleicht fehlt
ihm wirklich was?

Und da war es so weit: Nach dem siebenten Tag
kriegt' ich den Befehl, auf's Revier zu gehen, mich un-
tersuchen zu lassen. *Ich* kriegte diesen Befehl!

„Ja, woll'nse denn nich Soldat werden?!" (Diese
großgearteten Fangfragen...)

Ich sage: „Naja, es is eben die Zeit - ich muß Soldat
sein, und nu is' jut. Ich versuch' es. Das spielt sich ein,
es is' gar kein Problem."

Und die glaubten mir, daß ich die ehrliche Absicht
hatte und sagten sich: Begeistert ist er gerade nicht, aber
er tut sein Möglichstes. Aber der Junge, der kann nicht
so richtig. Und hier bei dieser Fliegerausbildung, da
müssen wir doch mal gucken, was mit dem los ist.

Und als die nicht so das Richtige finden konnten
auf dem Revier, da kriegt ich dann noch einen Marschbefehl nach Tempelhof. Dieser Backsteinkasten, der
steht noch heute da, dieses Krankenhaus in der -
Mensch, wie heißt die Straße da oben? Naja, das Haupt-
lazarett. Da kamen die Leute hin, die als Simulanten
verdächtigt wurden.

Dann kam der Oberarzt: „Also, wat hamse denn -?"

„Ja, ich hab' eigentlich keine Beschwerden. Ich habe 'mal 'n bißchen Blut im Stuhl..."

„Na, da muß man sich nicht gleich drum haben."

„Hab' ich auch nicht. Das war schon manchmal, ist aber ooch immer wieder weggegangen."

„Hm...Na, machense mal zehn Kniebeugen!"

Diese zehn Kniebeugen, die kann man ja nun *so* machen: Mit Anziehung der Bauchmuskulatur, nicht atmend - aber in allen Muskeln eine solche Anspannung, als hättest du Zentner zu heben. Du machst das aber ganz schnell und ohne Pause. Und jetzt hast du eine Pumpe, da brauchst du nichts zu schlucken.

Und ich merke, wie plötzlich so'n Kittel hinter mir raschelt, und wie plötzlich Nervosität durch den Oberarzt geht. Er guckt mich an: „Sofort 'ne Blutprobe! Urinprobe!!"

Jetzt wollten die sich überzeugen, ob ich vielleicht doch irgendwas geschluckt habe - Seife oder sonst was.

Na ja. Hab' ich so 'ne Stunde gewartet, sie haben nischt gefunden. Ich werde wieder hereingerufen, und jetzt sagt der Oberstabsarzt ganz freundlich: „Hmm...rrhm,rrhm - Sie müssen sich halt zusammennehmen. Was hamse denn gemacht? Geraucht?!"

„Nein! Ich rauche zwar, aber..."

„Naja, also, Sie kriegen 'n Marschbefehl zurück zur Truppe."

Ich kriege also so' n Kuwert, verschlossen: „Marschbefehl zurück zur Truppe". Was in dem Ding drinstand, das wollte ich sehen.

Ich kaufte mir in der Karl-Marx-Straße (damals hieß se noch - na, fällt mir wieder ein) für' n Groschen ein Briefchen Näh- und Stopfnadeln, ging ins nächste stille Café (damals gab's noch solche), bestellte mir eine Tasse Kaffee mit einem Glas Wasser und machte mir diesen Brief auf.

Also: Eine gewisse Diagnose, 'ne komische Störung (das hab' ich noch genau im Kopf) und: „- ist ein Jahr u.k. zu stellen."

Ich das Ding wieder zugemacht und konnte mich nun zur Truppe wieder zurückmelden. So. Und am nächsten Tag, da hatt' ich noch allen Mist mitzumachen, ich merkte aber schon, wie der U.v.D. und auch der Hauptfeldwebel die Köpfe zusammensteckten.

Am Morgen darauf, beim Appell in der Herrgottsfrühe, da stehen die so... es gibt die übliche Zählerei.

Und dann: „Huth -!!!"

Jetzt haben sie alle ganz freundlich mit mir gesprochen und gesagt: „Also gut, es ist noch nicht das Richtige, Sie geh'n noch mal nachhause. Sie können sich ja auch kriegswichtig betätigen." Und redeten mir mit einem gewissen Wohlwollen zu.

Am späten Abend, so um sechs Uhr, kriegt' ich meine Klamotten und bin durch dieses mir damals riesig erscheinende Kasernengelände gelaufen, und dann auf die Hauptstraße.

Auf meiner Stube waren verschiedene Arbeiterjungs und ein junger Fähnrich, die alle ein Gespür hatten, daß es mit diesem Krieg Scheiße war. Und was man in jugendlichem Übermut manchmal macht, sowas ganz Saudummes: Als ich nun wußte, du wirst entlassen, und all diese freundlichen Jungs sagten: „Mensch, du hast es gut!" - da hab' ich noch 'n Handstand auf'm Tisch gemacht. Und dann bin ich losgegangen...

Ich hatte ja den Beruf des Mechanikers erlernt. Insofern bestand die Möglichkeit, daß ich mich in einer kriegswichtigen Tätigkeit, zum Beispiel in der Industrie, nützlich machen konnte. Dann gab's aber auch die Tätigkeit im Sinne der „Volksbildung und Propaganda", wir hatten ja ein Propagandaministerium. Zum

Beispiel Filmvorführer - das war 'ne kriegswichtige Tätigkeit.

Filmvorführer: Da mußte man genau so'n Schein erwerben wie eben 'nen Führerschein, nur der war noch etwas qualifizierter. Im Kriege konnte man Filmvorführer nur werden, wenn man diese spezielle Schule in der Friedrichstraße - das Haus steht übrigens heute noch - absolvierte.

Da gab es für Leute, die als Mechaniker oder im Instrumentenbau eine Ausbildung hatten, einen viermonatigen Kursus. Da gab's den Schein A und den Schein B - es war so qualifiziert wie bei den Orgelspielern mit den A-, B- und C-Scheinen. Mit A konntest du an der Gedächtniskirche spielen, mit B-Schein - na ja, und mit C-Schein bist du etwas über'm Dorforganisten. Und davon gibt's 'ne Menge.

Ich dachte mir das so: Da läuft nun diese Vorführmaschine und zwischendurch kann ich immer lesen und dies und jenes betrachten. Dergleichen ging überhaupt nicht, weil der Lichtbogen permanent nachgestellt werden mußte. Also, man war schwer beschäftigt, und die Feuersgefahr in so'nem Kintopp...in jedem Vorführraum hing 'n anschauliches Bild, was passiert, wenn diese Rollen zünden!

Damals hatte man noch das pure Zelluloid, ungeheuer schwer, und den permanenten Zelluloidgeruch in den Vorführräumen. Das Bild zeigte, wie es eben aussieht, wenn diese Sache abbrennt. Da waren diese gußeisernen Säulen, worauf die Maschine, der Klapparatismus, montiert war. Die sahen dann aus wie Seger-Kegel, woran die Keramiker die Schmelztemperatur messen. Auf diesem Bild sah man zwei Vorführmaschinen, die wie Seger-Kegel abgeschmolzen waren. Das Feuer, was sich da bildete, war ungeheuerlich!

Dann kam ich in ein schöneres Kino, ins „Europa-Haus" (das heißt heute, glaub' ich, „Deutschland-Haus"). Da gab es zwei Vorführer und sogar einen Umroller. In den kleinen Kinos, da gab's nicht mal einen Umroller. Und diese erste Arbeit war ungeheuer.

Im Schlüterkino hatte der Filmvorführer auch noch den Filmtausch zu machen, und zwar den der Wochenschau. In der Kantstraße Richtung Westend, auf der rechten Seite - etwa so achtzig Meter vor der Wilmersdorfer Straße - da gab's das nächste Kino. Und da trug ich meine Wochenschau 'rüber, in der Zeit zwischen zwei Vorführungen.

Es gab in der Woche einmal drei Vorführungen, die

eine schon am frühen Nachmittag. Die war immer für die Ortsfrauenschaft, für Rentner und solche Leute.

Und nachher kamen die beiden abendlichen Hauptvorführungen. Die waren damals ziemlich gedehnt: Zuerst immer ein Kulturfilm, dann die Wochenschau und zuletzt der Hauptfilm. Werbung lief zwischendurch auch, aber in bescheidenem Rahmen.

Als Filmvorführer war ich verpflichtet, nicht nur den Tausch der Wochenschau zu machen, sondern auch zu den Filmverleihern in der Friedrichstraße zu fahren und die sieben Rollen abzuholen. Diese sieben Rollen hatten ein Gewicht, das war mehr als ein Zentner! Und das hab' ich mir auf's Fahrrad gepackt. Als ich kein Fahrrad hatte, bin ich mit der Straßenbahn gefahren.

Der Filmtausch war zweimal in der Woche. Und am Sonntag auch noch mal, da war um drei Uhr nachmittags die Jugendvorstellung. Dazu natürlich noch die anderen beiden Vorstellungen.

Jetzt versteht ihr meine Abneigung gegen Kintopp und gewisse theatralische Sachen: Wenn du in der Woche immer denselben Quatsch hörst, in so' nem verquäkten Ton, während die Vorführmaschine rasselt, und diese Dünste, dieser Gestank nach Zelluloid - auch wenn du nicht das Geringste von der Mache des Kintopps verstehst, du kommst dahinter, wie diese Mache geartet ist.

Und das wird dir so zum Kotzen, diese verschlagenen Dinger, wie die das aufziehen, damit *dieser* Gag wirkt und du *da* traurig wirst - du kannst schließlich auch einen expressionistischen Film nicht mehr sehen wie „Dr. Mabuse" und „Frankenstein", es wird dir alles oben und unten zum Kotzen.

Im Schlüterkino war ich ungefähr vier Monate. Ins „Europa-Haus" kam ich dadurch, daß die Tochter des Herrn Fouqué, dem das Schlüterkino gehörte, auch den Filmvorführschein machte. Und der Herr Fouqué wollte sparen und meinte, wenn das seine Tochter kann, findet er auch noch 'n kleines Bengelchen, das den Filmtausch macht.

Er sagte aber zu mir: „Sie haben das hier immer sauber gemacht - gehen Sie doch mal zum Europa-Haus."

Da standen vier Vorführmaschinen, die hatten schon den automatischen Lichtbogen. Da fing ich dann an im Juni neunzehnhundertvierzig. Aber dort war ich nicht lange.

Und der Grund war, daß man Vorführer, die man

nicht mehr einziehen konnte, die aber Erfahrung hatten in großen Kinos, nicht schon auf Rente setzen wollte. Die sollten noch der „Volksaufklärung" dienen! So holte man sie wieder in die großen Kinos und schickte die Jüngeren in die kleinen, wo sie die exemplarische Mehrarbeit mit dem Filmtausch und der Filmbesorgung hatten.

Ich kam im Herbst also wieder in ein kleines Kino, das heute nicht mehr existiert. Und dort passierte mir nach wenigen Wochen diese Geschichte:

In den kleinen Kinos gab es immer diese Spezialvorführung für's Volk, für NS-Frauenschaft und „Kraft durch Freude", durch die man überlastet war. In den großen Kinos gab's das nicht. Zu dieser Vorführung kamen immer die Leute aus dem Bezirk mit besonderen Einladungen. Das ging kostenlos, und vorher hielt ein Parteibonze eine kleine Ansprache.

Ich hatte nun in diesem kleinen Kino dafür zu sorgen, daß der Vorhang richtig hochging, wenn der auf seiner Bühne stand. Da ich aber getrimmt war auf die Geräusche, die Wochenschau und Kintopp machten und diese Geräusche auch kontrollieren mußte (also wenn die Leute plötzlich brüllten: „Lauter!" - „Licht heller!!" und so), da geschah mir eine Ungeheuerlichkeit.

Ich hatte an jenem Tage nicht richtig aufgepaßt - ich wußte zwar, es ist 'ne Spezialvorführung, aber mir war in diesem Augenblick nicht ganz plausibel, daß jetzt der da vorn in der SA-Uniform seine einleitenden Worte hält. Ich denke also, nun geht der Film los und schalte das Licht aus - da steht der im Dunkeln!

Kam natürlich sofort einer angerannt: „Menschenskind, was machen Sie da? Wir kriegen hier den größten Ärger!" Und schmeißt sich - bums! - an den Schalter 'ran. Es wird wieder hell. Und ich wollte schon die Maschine anwerfen.

Also, ich war aus'm Konzept. Und nachdem die Vorstellung gelaufen war, hab' ich den Bonzen nicht mehr gesehen, aber man sagte mir, er soll ein unheimliches *furore* gemacht haben. Und ich war die Sache los.

Ich harrte jetzt der Dinge, die noch kommen sollten. Wo konnte ich mich noch hinmelden?

Nun war der Bart ab, jetzt wurd' es gefährlich.

Wo heute alles ausgebombt ist, nichts mehr steht - doch, ein Gebäude steht noch da - wenn man von der Lehrter Straße heute mit dem 83er oder 98er da durchfährt, am Reichstagsgebäude, da gab es in der

Beethovenstraße (- heißt sie heute noch so?) eine Zeichenfilm-Firma. Da zeichnete man, als Idiot, Schemen.

Zu dieser Firma kam ich und machte dann eine Reihe von Monaten diese Trickfilm-Idiotie mit, dieses Hasenzeichnen.

Das waren aber keine amerikanischen Filme, sondern Anschauungsfilme, wie man mit gewissen Dingen umgeht. Werkschutz und so'n Scheiß. Tak-tak-tak-tak - so gehst du an die Drehbank 'ran, ziehst das Futter an, läßt den Schlüssel stecken - bopp! Schlüssel an' Kopp. Das ist Trickfilm. Das waren Anschauungsfilme für Leute, die umgeschult wurden.

Naja, damit verdient' ich meine Münze. Und abends saß ich immer im Café „Zum roten Reh" in der Nürnberger Straße. Das lag genau da, wo heute das Garagenhaus ist. Die Wirtin war auch rothaarig und natürlich 'ne ausgezeichnete Schieberin. Aber das mein' ich jetzt nicht herabsetzend, sondern das gehörte dazu, wenn jemand so'n Café-Etablissement hatte.

Das rote Reh hatte, wie wir vermuteten (und diese Vermutung hat Potenz) einen Liebhaber, der war Major. Saß immer in Uniform da und gehörte zur Dienststelle Bendlerstraße. Der war Offizier der alten Reichswehr und kein Nazi. Der stand so kurz vor der Pension und hatte das immer mit den Studenten und den Künstlern - so'n süffisanter Gustus. Und spürte auch, daß die keine Nazis waren.

Aus der Trickfilm-Firma flog ich nicht 'raus, sondern die wurde plötzlich aufgelöst. Ich war dann arbeitslos und lebte davon, Gemäldekopien zu machen. Die kauften mir die Leute ab.

Ich rechnete mit meiner Einberufung und habe mich durch Umzieherei - von der Grolmannstraße wieder nach Lichtenberg, von Lichtenberg so hin und her - der Erfassung entzogen. So konnten die mich über zwei Monate nicht mit der polizeilichen Anmeldung verfolgen, ich war immer schon wieder weggezogen.

Ich sagte meinen Freunden: „Nun ist Schluß, Feierabend. Ich werde einer Einberufung nicht Folge leisten, auf gar keinen Fall!" Da wurd' ich in den ersten Tagen für wahnsinnig erklärt: „Du bist verrückt! Wovon willst du denn leben -?!"

Ich wurde dann immer ganz streng und beengend gefragt und aufgefordert, ich solle mich doch besinnen und wenigstens versuchen, ihnen meine Beweggründe und diesen unabwendbaren Zwang, der da in mir hauste, mit Vernunft darzustellen.

Wenn es mir neununddreißig bei meiner ersten Einberufung gelungen war, nach zehn Tagen mit raffinierten Tricks...dann würd' mir doch sicherlich auch jetzt etwas einfallen. Ich könnte es mit einer gewissen Schläue, die ich doch habe, so einrichten, daß ich auf die Schreibstube käme. Ich müsse ja nicht gleich verheizt werden...

Denn einziehen lassen wollte ich mich diesmal auf keinen Fall. Es war bei mir im Innersten wie eine verläßliche, wie in meinem Schicksal bemenetekelte Sache, daß ich diesen Krieg nicht überleben werde. Aber ich kann nicht im Angesicht des „Stürmers" für diese Firma kämpfen. Dieses Vaterland ist verhunzt. Das existiert nicht mehr.

Zu dieser Überzeugung trug ein Erlebnis bei, das ich wenige Monate vor Kriegsausbruch hatte. Ich hatte durch Käte Kausel und Günter Stillmann die Ilse Haag kennengelernt. Ilse kam öfter zu Käte, sie lief damals schon mit 'nem Judenstern rum. Immer wenn sie in die Dillenburger Straße kam, machte sie sich den Judenstern ab. Sie erzählte uns von der Situation ihrer Mutter. Die war untergebracht, als leicht invalid, in einem Altersheim für wohlhabende Juden. Wobei diese eigentliche Inhaftierung noch mit klinischer Pflege verbunden war.

Die Leute darin hatten Informationsmöglichkeiten und wußten, daß dieses Altersheim nur ein Übergang war - fast alle waren darauf gefaßt, früher oder später in ein Konzentrationslager zu kommen. Offiziell war das unbekannt, aber die Insassen wußten's alle. Und damit die Sache offiziell auch unbekannt blieb, hatten diese Leute die Möglichkeit, ganz normal Besuch zu empfangen. Man durfte ihnen auch was mitbringen.

Der Trick dabei war: Man wollte dadurch Leute fangen, die Juden behilflich waren oder die politisch eine andere Meinung hatten.

Da Käte und ich Ilse für sehr überanstrengt hielten, dachten wir: Mein Gott, vielleicht sieht sie die Sache für gefährlicher an, als sie ist. Wenn Besuche offiziell erlaubt sind und man auch was mitbringen darf, dann gehen wir doch mal hin und sagen guten Tag. Die Sommerfelds besuchten wir ja auch öfter, und wir hatten noch andere jüdische Freunde.

Ich kannte die alte Dame aus der Zeit, wo sie, schon

mit Judenstern, mit ihrer Tochter zuammen in der Wohnung Brückenstraße lebte. Wir dachten also: Wagen wir's mal! Es war nicht so, daß man den Ausweis zeigen mußte. Es sollte dort außerordentlich *legère* zugehen - bloß die Insassen durften nicht 'raus.

Käte und ich gingen also dort hin. Ilse kam nicht mit, sie meinte, daß das vielleicht zu auffällig wäre.

Hinterher stellte sich heraus, daß von da aus viel aufgefächert wurde und daß in jedem dieser Räume, wo ungefähr vier oder sechs Leute einquartiert waren, einer unter ihnen - selbst Jude - als Spitzel diente. Da man sich ja doch über einiges unterhielt, bekamen die auf diese Weise heraus, wer wir waren.

Das Merkwürdige war, daß Käte nicht behelligt wurde. Ich kriegte kurz danach eine Vorladung zu unserem Polizeirevier in der Frankfurter Allee. Da war ein Beamter, der mir sagte: „Hier liegt was vor gegen Sie. Wir müssen Sie mal überprüfen." Ich mußte dann 'ne Weile warten, und dann fuhren die mit mir los. Das waren so ganz neutrale und freundliche Polizisten.

Es war eine ziemlich lange Fahrt, mit mehreren anderen Leuten, und das Ziel war die Levetzowstraße. Ich wußte zunächst nicht einmal, daß ich in der Levetzowstraße war. Und - ach das ist 'ne Sache, worüber ich eigentlich nicht sprechen möchte...

Sagen wir's doch mal ganz simpel (-wie simpel?): Du kannst dich schlecht verlustieren, wenn du dir gelegentlich auf deinen eigenen Schwanz siehst und dir dann in den Sinn kommt, wie du nach einer Stundenzahl, die du glaubst nicht schätzen zu können und wo du denkst, nun setzt du aus und nun ist Feierabend, in dieser Region malträtiert wirst.

Menschenskind, ich war damals gerade einundzwanzig Jahre alt! Man macht sich mit einundzwanzig Jahren ja gewöhnlich keine Sorgen darüber, ob man impotent werden könnte. Aber es kann Erlebnisse geben - also, bei mir war's so, daß ich dachte: Dabei geht der Eros flöten!

Diese Leute von der SS und die vom Sicherheitsdienst, die einen da verhörten, die sprachen so ein smartes Wienerisch. Das waren Österreicher! Das war so eine verfeinerte Kanaille...

Am dritten Tag kam ich 'raus. Den ersten Tag hab' ich gar nicht so richtig wahrgenommen, so dumpf war das...wo wir in dem ziemlich öd beleuchteten Keller saßen und die nach ein paar Stunden mit mir ein

Deibelstheater machten. Ich schätze - es ist schwer zu schätzen - daß ich einen Tag und eine Nacht unter'm Verhör gesessen habe, in dieser Weise hier angebunden auf einem Stuhl, und immer ein anderer Verhörer.

Dann haben sie mich losgebunden und in einen anderen Raum geführt. Dort stand eine Reihe von Leuten - wie ich annehme, alles Juden, man kann das ja nicht nach Augenschein sagen, wer alles Jude ist - und dahinter standen ein paar Schergen und guckten mich an. Und zwei, die führten mich immer an den Leuten vorbei: „So - gucken Sie sich den Mann genauer an! Kennen Sie sich - ?!" — „Gucken Sie sich die Frau genau an! Gucken Sie ihr ins Gesicht!!"

Und ich guckte. Ich kannte wirklich keinen, und die kannten mich auch nicht. Aber nach der Strecke, die ich in diesen Stunden - wie woll'n wir's nennen? - durchgestanden hatte, muß ich von mir sagen: Wenn ich da wirklich jemand gekannt hätte, ich wäre nicht imstande gewesen zu einer solchen Beherrschung, daß man mir nichts angemerkt hätte. Denn ich war auf den Tod erschöpft.

Wenn mir jemand was von Folter erzählen will und sagt, er hat so eiserne Nerven - das sind Kintopp-Legenden! Da müßte man schon, wovon ich nichts verstehe, sowas wie ein vierzigjähriges Yogatraining gehabt haben. Und auch da...also, ich will nicht bezweifeln, daß es Menschen mit ungewöhnlicher Nervenstärke gibt. Aber ich bezweifle, daß selbst der maximale Yogi, wenn er's nicht schafft, seinem Kreislauf oder seinem Herzen den Befehl zu völligem Stillstand zu geben - daß der etwa nicht windelweich zu machen ist!

Ich habe so viele Geschichten von Leuten gehört, die unter den schauderhaftesten Bedingungen in Schweigen durchhalten konnten. Aber da bin ich eben befangen, ich glaube diesen Leuten kaum. Solches Schweigen gibt es nicht. Da muß das Glück dem Menschen behilflich sein - wie eben mir, daß an diesem Tag wirklich keine Leute da waren, die ich kannte. Und die SS-Leute sich sagten: „Na ja, der ist eben ein Scheißkerl, der ist sentimental und 'ne Pflaume - den schikken wir sonstwohin, zum Militär oder so. Zuerst kann das Arschloch mal gehen...“

Aber einen Tag später, da wär's anders gelaufen. Da waren nämlich die Leute da, die ich kannte! Die hätten mich erkannt, und bei diesem Aufstellen, da hätt' ich auch nicht durchgehalten. Denn ich war inzwischen windelweich.

Diese Sache, dieses Erlebnis (das ich allerdings für mich behielt) hat wohl den Ausschlag gegeben, für *diese* Firma nicht in den Krieg zu ziehen.

Meine Freunde aber wollten mir diesen Entschluß um jeden Preis ausreden. Die Vornehmeren unter ihnen, die hielten sich etwas zurück, in der Art, daß sie nicht die Flezerei hatten wie viele andere, sondern glaubten: Es hat mehr Wirkung, wenn wir, die wir das Ganze auch so von der vitalen Seite her sehen, besser jetzt schweigen und den Trivialrednern das Wort lassen.

So ging das hin und her: „Na, dann sag' uns doch mal, wie du den ersten Ansatz machst -?"

„Also, wir rechnen dir vor: Du hast kein Dach über'm Kopf, keine Nahrung, du mußt die Wäsche wechseln. Wann, glaubst du, wirst du gekriegt -?"

Ich sagte ihnen, ich werde versuchen, mich früher oder später autark zu machen.

„Autark -?" So ein Begrinsen: „Was meinst du damit? Keiner von uns kann dich aufnehmen! Du kannst bei uns vorbeikommen, wenn's mal ganz schwierig wird. Aber du weißt doch auch, wo man dich suchen wird!"

Einer, der nicht so abredete, aber der mir auch nicht zuredete, daß ich's tun sollte, war Heinz Trökes. Ich empfand Heinz damals immer als gesinnungsgleich in dieser Abneigung gegen die Nazis. Wir hatten den gleichen Ekel, und in diesem Ekel waren wir uns, in nahem *vibrato*, in jedem Takt gleich.

Heinrichs Vater war zu der Zeit Hauptmann und war im Osten. Er kam aus einem bürgerlichen Stand, der damals sehr distanziert vom Kleinbürger war. Der Kleinbürger wurde ja von den Nazis vermasst.

Von Beruf war Heinrichs Vater Gymnasiallehrer, Studienrat. Heinrich konnte mit seinem Vater nicht so viel anfangen, fand das gar nicht gut, daß der Hauptmann war. Er meinte, der solle das eigentlich lassen, solle was Besseres machen. Aber der hatte nichts Besseres. Er war eben Hauptmann. So aus rheinisch-preußischer Provinzialität: Die Nazis sind verrückt - man muß sehen, wie man sich durchschaukelt.

Aus der Art, wie Heinrich aufwuchs, mit einer gewissen Sicherheit - er war ja auch älter als ich - hielt er meine Reizung und meine Entschlüsse für im Grunde doch naiv. Für einfältig. Aber er sympathisierte mit meiner Einfalt. Und empfand mein Verhalten dann über eine gewisse Strecke am Anfang als eine ganz abenteuerliche Sache: „Er spielt zwar mit dem Leben, es kann schiefgehen, aber..."

Ich muß allerdings betonen: Er gehörte zu den Leuten, von denen ich sicher war, daß sie schweigen würden.

Der Sorgloseste war Karl Bardewyck.

Bardewyck war zwölf Jahre älter als ich. Wir saßen uns im „Roten Reh" so ein Jahr gegenüber. Ein ziemlich stämmiger Westfale, Eulen-Augen, große Brille: Erscheinung eines gelehrten Globetrotters.

Er hatte, wie ich später erfuhr, die Rechte studiert und auch die Wirtschaft, aber sein eigentlicher Beruf war der des Graphologen. Als solcher hat er die Leute seiner Zeit alle gekannt: Pilsudzki, Salazar, Hoover, den Mannerheim. Es war ungeheuerlich, welche Bekanntschaften er hatte, und dadurch war er auch für das Oberkommando des Heeres ein interessanter Mann. Er wurde dort so eine Art Chef-Psychologe, Chef-Graphologe.

Er nahm immer die Zeitung so 'runter, mich angukkend, so... Als junger Mensch, mit Unsicherheiten, fand ich diesen Blick außerordentlich indiskret. Naja, ich guckte dann keß zurück. Und dann ging die Zeitung wieder hoch alsbald, wieder 'runter. So ging das ein Jahr.

Der dachte sich: Wir leben in einem gräßlichen Klima. Der Junge ist eigentlich hier ziemlich verloren, aber er kriegt ja mit, was los ist. Und eigentlich begehrt er das Gespräch.

Ich hatte über eine gewisse Strecke das Gefühl: Zu diesem Herrn, da kann ich reden. Und ich war immer etwas herausfordernd: Nun sag' doch auch mal was! Aber er sagte nie was.

Als wir dann doch ins Gespräch kamen, sagte der immer nur: „Erwägen Sie's doch, und stellen Sie sich vor, daß Krieg ist - man kann ja nicht so Stellung nehmen. Wünschen Sie doch allen den Sieg, beiden Seiten!" Und er lachte laut.

Wahrhafte Eulenspiegeleien, die mir bisweilen zur Qual wurden. Ich dachte: Zum Donnerwetter, wenn du hier schon so eulenspiegelst, dann laß' doch auch mal deine Meinung 'raus!

Aber nie - die kam nicht. Die Meinung kam erst eindeutig an dem Tag, als ich abends ins Café kam und

sagte: „So hab' ich's eingerichtet: Ein paar Stunden hab'
ich noch Zeit, dann muß ich spazieren gehen."

Das war im November neunzehnhunderteinund-
vierzig. Während der Zeit meiner Umzieherei war mein
Hauptwohnsitz immer noch die Wohnung meiner Eltern, und da erreichte mich dann die zweite Einberufung.

Mittags hatt' ich den Gestellungsbefehl. Meine
Mutter mußte gerade anstehen auf Marken und mein
Vater war unterwegs zu einer Reparatur.

Da hab' ich auf so'n Butterbrotpapier geschrieben:
„Macht euch keine Sorgen - ich muß mal schnell nach
Wanne-Eickel. Es hat jemand in der Zeitung annonçiert
einen Präzisions-Pantographen, den ich für meine Arbeit brauche. Da reise ich jetzt hin. Ich bin morgen,
übermorgen wieder zurück. Und damit ich keine
Schwierigkeiten bekomme (also nun den Idioten gespielt!) - hier liegt mein Gestellungsbefehl. Seht auch
die kleine Fußnote: Der ist, im Falle, daß er nicht erfüllt werden kann, sofort an die ausstellende Behörde
zurückzuschicken!"

Das hatte nun meine Mutter, und ich pochte darauf,

daß sie sich daran halten würde. Gleichzeitig waren ja die Luftangriffe im Ruhrgebiet!

Abends ging ich ins „Rote Reh", um Bardewyck zu treffen. Der hat sich alles angehört, weshalb ich dem Gestellungsbefehl nicht Folge leisten wollte, und mir dann Fragen gestellt: Wie ich's denn machen würde? Wie wollte ich denn überkommen -?!

Ich hatte meine Vorstellungen, wurde aber bislang für einen Idioten gehalten - deswegen, weil ich sie nicht preisgab. Ich dachte, es könnte sich vielleicht - und das war pure Poesie und eine Menge von...na, was war's? seltsamer *religio*, also: „Vater, hilf deinem Sohn! Wenn du kannst, hilf ihm so, daß er sich auf eine von ihm selbst noch nicht erahnte Art autark machen kann!"

Ich stellte mir vor, daß ich irgendwo in einem etwas ferneren Bekanntenkreis einen Menschen finde, der dem Zwang der Stunde gehorchen muß, einen so halb illegalen (halb! Das muß ich betonen) Sitz aufzugeben, den ich dann in irgendeiner geträumten Art kurzfristig übernehmen könnte.

Meine Vorstellung war: Papiere sind das Wichtigste, was man braucht. Wenn ich ein Nest, einen Winkel finde, dann werde ich mir etwas einrichten, daß ich mir das Notwendigste drucken kann.

Ich konnte sowas, solange ich legal lebte, nicht per Absprache vorbereiten, hatte aber im Kopf eine ausgefächerte Skala von Leuten, von denen ich annehmen konnte, daß sie mir unter Umständen ihren Sitz kurzfristig überlassen würden, wenn ich die von ihnen innegehabten Pflichten erledige. Also gewisse technische Arbeiten, technische Zeichnereien, kleine Konstruktionsaufgaben. Und währenddessen könnte ich mir *en miniature* eine Druckerei einrichten.

Inzwischen aber hatte ich die Vorstellung: Nun verfolgen mich die Schergen schon! Und ich dachte mir, wenn die meine komische Mutter sehen und meinen sonderbaren Vater, werden sie sich sagen: Der Mensch ist total verrückt!

Wenn sie nun forschten: Wo ist der, was sind seine Gewohnheiten, wo verkehrt der, dann hatt' ich mir genau ausgerechnet, die werden ganz schnell auf mein altes Stammcafé stoßen. Das wird sich höchstens um Stunden handeln, ja.

Und wenn sie dann feststellen, daß ich tatsächlich da gewesen bin, werden sie sagen: „Na, der ist nun wirklich meschugge. Der hat 'ne Meise! Der ist tatsächlich, wie er auf dem Schmierzettel hinterlassen hat, ins Ruhrgebiet..."

Also, nun saß ich im Café und erklärte dem Bardewyck: So hab' ich's mir überlegt, und ich rechne damit, wenn ich hier zu lange sitze, kommen die alsbald nach. Bestimmt aber am nächsten Tag.

Worauf Bardewyck nicht sonderlich einging, sondern sagte: „Ja, dann fahr'n wir jetzt doch lieber."

Wir standen auf, gingen zum Bahnhof Zoo und kauften Fahrkarten nach Wanne-Eickel. Ich hatte gerade noch zwei Mark bei mir. Es kam dann auch eine Kontrolle durch den Zug, und einer fragte mich: „Haben Sie denn Ihren Wehrpaß, kann ich den mal sehen?" Er sah sich den an, und der war ja noch nicht verändert! Aber es ging alles in Ordnung.

Ich habe nachher, als ich mir meinen eigenen Wehrpaß druckte, meinen Namen umgewandelt in „Haupt". Man konnte ja angerufen werden auf der Straße, jemand erkennt einen und ruft von fern: „Määnsch, Huth!!" Man guckt sich um, und nun -?!

Meine Spekulation war: Dann mußt du die Nerven haben, zu gucken und zu gucken. Dann ruft der noch mal, und dann mußt du den auf dich zukommen lassen und sagen, ganz eisern: „Ich heiße Haupt!"

„Aber du bist doch — ??!"

Diese Situation ist mir zweimal passiert, das eine Mal in der kuriosesten und blödsinnigsten Weise auf dem Anhalter Bahnhof. Da wollt' ich in den Zug einsteigen, und wer direkt neben mir stand, war der Kustos von der Hochschule für Bildende Künste! Der guckt so. Und da hab' ich die Sache eisern durchgehalten: „Entschuldigung, mein Herr, aber..."

Und er: Ein verrückter Stutzen! Ob er's verstanden hat, weiß ich bis auf den heutigen Tag nicht.

In Wanne-Eickel bestellte Bardewyck ein Taxi, und wir fuhren darin zu Stefan Rupek. Dessen Familie kam aus Polen, sie waren schon seit Generationen als Bergarbeiter im Ruhrgebiet. Stefan Rupek war eigentlich ein recht gebildeter Mann. Für mich waren damals gebildete Leute die, welche die Fähigkeit hatten, drei oder vier Sprachen sich anzueignen. Aber er lebte im typischen Arbeitermilieu des Ruhrgebiets.

Ende neunzehnhundertvierzig war „Rupp" im Osten verwundet worden und kam ins Lazarett Spandau, die Mittelhandknochen durch einen Splitter zerschlagen. Bardewyck sagte mir, ich solle ihn doch besuchen im Lazarett. So einfach besuchen. Bardewyck meinte, wenn ich mit ihm reden würde, ginge es ihm besser.

Ich ging dann allein hin. Und jetzt kommt was: Ich habe doch keine medizinischen Kenntnisse und nichts dergleichen, nur diese lächerliche Profan-Anatomie, die man als Maler…wurde ja damals gelehrt.

Ich sage ja gern: Die Leute, die nach dem Kriege studiert haben, haben schlechter und ungünstiger studiert als zu unserer Zeit. Obwohl's die Nazizeit war, war'n wir auf manchen Gebieten doch etwas gediegener. Nach dem Kriege gab es zum Beispiel keine wirkliche Anatomie mehr auf der HfBK. Gab es nicht! Der Tank kam noch mal, aber dem wurde nicht erlaubt, einen solchen Laden zu eröffnen, wie er ihn vorher hatte.

Jedenfalls, Stefan Rupek kannt' ich dadurch, daß mir Bardewyck mal sagte: „Sprich mit ihm-!" Und ich sah seine Hand.

Bereits Ende neunzehnhundertvierzig, fällt mir dabei ein, hatten die in diesem Spandauer Lazarett Mangel an Verbandszeug. Es gab dann und wann immer wieder welches, aber manchmal fiel es aus. Und so war er mit Klosettrollen verbunden. Er hatte schauderhafte Schmerzen und sagte mir, daß die Ärzte ihm die Hand abnehmen wollten.

Dann wickelte er das mal auf und ich sah es mir an,

als Laie. Und sagte: „Hand abnehmen? Auf gar keinen Fall. Ist Quatsch. Die Sache eitert zwar - fressen Sie nicht mehr dieses fürchterliche Brot, diese Marmelade, diesen ganzen süßen Mist. Hungern Sie sich aus!"

Es war ein Instinkt in mir: Die Hand muß nicht abgenommen werden. Die woll'n sich das nur bequem machen.

Also, ich fing an, den Stefan Rupek stark zu machen, sich die Hand unter keinen Umständen abnehmen zu lassen und ging zu einem Mann, der mich mal mit Zauberei geheilt hat. Das war ein Herr Wipscher in der Wielandstraße - Schweizer, Heilpraktiker, der mir ein Furunkel weggenommen hat wie durch Zauberei. Der hatte einen bedeutenden Ruf, mußte Deutschland verlassen, weil er auch Tumore heilte und solche unheimlichen Sachen.

Na, ich versteh' davon gar nichts. Aber er war eben doch ein Zauberer, obwohl er nicht so aussah.

Ich sagte zu ihm:"Herr Wipscher, ich habe einen guten Bekannten, der liegt im Lazarett und dem wollen sie die Hand abnehmen. Aber es sind nur die Knochen hier oben gesplittert. Da ist eine Entzündung, Eiter ist schon drin - können Sie mir einen Rat geben?"

Dieser Mensch ging darauf ein. „Ja - nehmen Sie dieses homöopathische Mittel, ein Oligoplex komma zwei dez..." Das waren so Pillen, in einem kleinen Röhrchen. Er gab mir das mit. Und ich dachte, das bringst du dem Rupek gleich hin, und besuchte ihn so über vierzehn Tage täglich. Die Hand wurde gerettet, er wurde auch nicht mehr eingezogen.

Jetzt, bei der Ankunft in Wanne-Eickel, führt mich Bardewyck zu diesem Stefan Rupek. Wir kommen da an, „Rupp" und die ganze Familie freuen sich: „Ach, ist ja wunderbar!" Und was fällt gerade aus? Die Luftangriffe! Die waren inzwischen nach Bremen verlegt.

Zum Teufel und Donnerwetter - ich wollte doch erreichen, daß man glauben sollte, ich sei verschollen, umgekommen! Wobei ich das Gefühl hatte: Mein Vater wird sich deswegen nicht zu Tode grämen, weil er meiner Mutter ja doch was glaubte, und die würde immer sagen: „Also Vater - ich fühle, unser Osse lebt noch."

Ich habe dann einfach eine simple Karte geschrieben: „Gerade hör' ich, mein Freund Köhler (der war Schriftsteller und hatte gerade ein paar Tage Urlaub von seiner Truppe) ist zur Zeit in Bremen. Da komm' ich zwei Tage später, denn den Köhler will ich noch mal in Bremen besuchen."

Er war tatsächlich in Bremen. Die Luftangriffe gingen dort weiter. Nach Bremen bin ich dann nicht mehr gefahren, sondern zurück nach Berlin.

Vom Bahnhof Friedrichstraße ging ich zu Fritze und Hede Bauch in der Burgstraße. Da ging man zwischen Schloß und Marstall und am Begas-Brunnen vorbei über die Brücke, und gleich links, am östlichen Spreearm, begann die Burgstraße. Da waren's noch zwei Häuser bis in den halben Keller zu Fritze und Hede.

Fritze war damals - na, der war so alt, wie ich jetzt bin. Und Hede war älter, war wohl schon sechzig. Das waren die Zilleschen Urberliner! Ich hatte zu beiden ein fabelhaftes Verhältnis. Wenn irgend jemand Not hatte, Schwierigkeiten, Armut, konnte sich nicht kleiden oder hatte Hunger: Da half Hede, bar jeglicher Sentimentalität.

Sie war überzeugte Atheistin: „Es ist alles Schwindel, was die Kirche macht! *Hier* leben wir, und *hier* müssen wir das Beste tun." Aber handfest und mit einer außerordentlichen Gemütswärme - will man immer nich glauben, daß es dat bei Atheisten ooch gibt.

Fritze hatte keinen Beruf erlernt, kannte aber von Stresemann über Reinhardt bis zu den Kalfaktoren, den Knastbrüdern und den Henkern alles, was in Berlin Rang und Namen hatte durch seine Tätigkeit des nächtlichen Zeitungsverkaufs.

Ullsteinstadt, Dönnhoffplatz, Friedrichstraße, Leipziger Straße, Potsdamer Straße - da alles abgelaufen, alle Lokalitäten. Habel...Lutter & Wegener...den Nicole-Keller, am Werderschen Markt - da ist der den Abend und die Nacht durchgelaufen. Und wo Kortner und Moissy saßen, überall...er war eben ein Berliner Original.

Naja, Hede wollte nun wissen, was mit mir los sei und Fritze auch, und ich sagte: „Ich bin immer noch u.k. gestellt. Ich habe viel zu tun, wißt ihr, ich kann nur am Abend vorbeikommen.“

„Klar, komm doch immer vorbei. Haste denn gar keine Freundin? Und was ist mit Walter und Käte -?“

Walter, ein Photograph, und Käte Kausel waren Freunde von mir, schon seit vor dem Kriege. Käte war zwölf Jahre älter als ich.

„Ja, aber der Walter ist doch so sonderbar, und der neigt doch zu 'ner ganz anderen Dame. Du hast doch zu Käte so'n gutes Verhältnis...“

Hede war eine noble und souveräne - nicht professionelle, sondern aus menschlichem Engagement - Kupplerin! Ehen auseinanderzubringen, die ihr nicht gefielen, war ihr ein leichtes, welche zu knüpfen, nicht minder leicht. Sie hatte die Souveränität einer Zauber-Parze proletarisch-athletischen Gewichts, mit diesem gesunden Instinkt, was zusammenpaßt. Und manipulierte das in einer unglaublich einfachen Weise. Aber das stimmte dann!

Wenn man ihr nichts erzählte, wie's einem so ginge, war etwas mit der Freundin oder auch unter den Freunden nicht klar, dann war man „mies". Dann quittierte sie das Interesse - das konnte sie auch! Aber wenn man ihr ordentlich was erzählte, dann griff sie ein. Das war großartig.

Hede hatte es immer sehr gern, wenn ich abends da war. Wenn dann wieder die Einflüge kamen und die Bomberei losging und die Erde bisweilen wankte - wir wollen jetzt keine dummen Fragen stellen, von woher der Mensch Angst bekommen kann, jeder hat sie vor was anderem - aber Fritze hatte dann Angst.

Dazu ist noch zu sagen: Das war'n eigentümliches Ehepaar! Erstens war Hede älter und zweitens Fritze auch noch schwul, aber stock -! Als eine ganz köstliche menschliche Intensität. Und Hede liebte Fritze und Fritze liebte Hede.

Hede liebte Fritze, weil er so wunderbar Geschichten erzählen konnte: Wie der Kortner wieder besoffen war, und die Bergner - ööh, die würde ja den Hans Albers so gern haben...

Solche Geschichten erzählte Fritze immer der Hede. Und Hede machte die Aufwartung bei dotierten jüdischen Familien, soweit die noch übriggeblieben waren. Naja - die Beziehung zwischen den beiden bestand darin, daß Hede nur mit einem Menschen leben konnte, der von dem, was er erlebte, ihr mitteilte.

Hede kam aus Dienstmädchen-Verhältnissen, aber welch vitale Frau! Die immer unterscheiden konnte: Wer hat zuviel - wer hat zu wenig? Die immer für gerechte Verteilung sorgte. Die als Kraft im Hause überaus geschätzt war, und wenn die Herrschaften bisweilen merkten: Na, von Hede wieder beklaut? - dann hatte sie doch so'n gutes Verhältnis zu denen, daß die das akzeptierten. Hede klaute niemals für sich selber, sondern immer, gerecht verteilend, für irgendwelche Leute.

Das spielte sich alles ab im Trakt des ältesten Berlin, wo das Zille-Fluidum noch lebendig war. Und wie man nun in dieser Zeit, wo's alles auf Marken gab, Zigaretten bekommt und gelegentlich 'n Schnaps - da hatte man so seine kleinen Spielweisen.

Unter den Leuten, die in Hedes Laden kamen, war auch der Henker. Der kam gelegentlich vorbei, um immer noch mal 'nen kleenen Hering zu essen und auch 'n paar Zigaretten zu bekommen. Aber die Beziehung zum Henker war für Fritze und Hede sehr wichtig. Das war auch 'ne gute Tarnung für die Leute, die da in der Heiligen-Geist-Straße als Fremdarbeiter untergebracht waren und immer zu Hede kamen.

Italiener wurden nämlich bisweilen so behandelt wie Polen - muß man wissen, weiß heute keiner mehr. Die wurden behandelt wie der letzte Dreck, wenn sie Fremdarbeiter waren.

„Also, *der* verkehrt da -?!" - man würde doch schwerlich, wenn der Henker sich da wohlfühlt, Fritze und Hede ausgeräumt haben, denn so leicht waren solche Spezialhenker nun wieder nicht zu kriegen...

Es gibt ein Foto - das ist, glaube ich, in dem Jubiläumsbuch für V.O.Stomps -, da ist diese Pißbude in der Yorckstraße drauf, die Sigurd Kuschnerus graphisch so fein dargestellt hat. Und das Foto zeigt einen Mann, der aus der Pißbude kommt, aus der Rotunde, und sich so gerade noch über den Mantel greift.

Genauso sah dieser Mann aus, nur nicht mit dieser stabilisierten Pennerfaçon. Dieser Henker hatte so den Zwitscherblick eines ausgedienten Kneipiers...

Einmal saßen wir im Keller, da kommt er gerade - klopf-klopf-klopf! Fritze geht 'rauf, der kommt 'rein und läßt sich nieder. Und ich sehe, wie da was an seinem Mantel stockt.

Er zieht das 'raus und legt es neben sich - irgendwas, in Packpapier gewickelt. Und Hede, die gerade von hinten kommt, sieht das Ding auf Fritzens angestammtem Stuhl liegen. Greift einfach fest zu, wobei sich das Packpapier oben löst, und ich erkenne das Beil.

Hede aber macht keine weiteren Umstände und legt es auf der Treppe zum Ausgang ab. Dann kriegte er seine Zigaretten und ging.

Vor meiner Abwanderung in die Illegalität habe ich Hede und Fritze anfangs nichts erzählt. Das haben sie erst erfahren, nachdem ich ein Jahr durchgehalten hatte. In diesem Winter - vom zehnten November einundvierzig bis zum dritten März zweiundvierzig - hatte ich noch kein Dach über'm Kopf, sondern bin immer nur den ganzen Tag gelatscht, gelatscht. Durch die Linden, so fort durch den Tiergarten, die Heerstraße, die Havel 'rauf und 'runter...

Und abends ging ich dann immer zur Katzenfamilie. Da saß ich auf'm Stuhl, und dann kamen so verschiedene Katzen...der dicke Kater Stieke, dieses warme Tier.

Ich nickte dann sofort ein. Und Hede sagte: „Was ist los -? Leg' dich doch hin!" Dann legt' ich mich hin, und so nach zwanzig Minuten waren die Bratkartoffeln und der Hering da. Das war meine Atzung. War immer dasselbe.

Ich konnte mich auch bei ihnen waschen - das war wichtig, weil man ja immer 'nen sauberen Kragen haben mußte. Wenn man verpennert aussah, war man erledigt!

Trotzdem war es 'ne harte Sache, das den ganzen Winter durchzuhalten. Ich hab' mich im Grunewald in den dicken Schnee gelegt, mit dem Selbstbefehl, nach fünfzehn Minuten zu erwachen, damit ich nicht erfriere. Mit diesem Selbstbefehl: „Erfrier' nicht! Jetzt mußt du wieder latschen!" Und dann wieder, wenn ich bei Hede und Fritzen war, so nebenbei die Bitte: „Ach Mensch, darf ich mal hier schnell dies und das —?!"

Hede half immer aus, hielt eine Hand bereit. Was das für 'ne Hilfe war! Da konnt' ich wieder mit meinem SA-Mantel und meinem grünen Filzhut loslaufen.

Die öffentlichen Verkehrmittel suchte ich zu meiden, weil da die meisten Kontrollen waren. So auch in der U-Bahn. Über Hausvogteiplatz und Friedrichstraße fuhr ich höchst selten. Als ich später Butterpäckchen austrug, bin ich nur noch zu Fuß gegangen.

Einstweilen hatte ich meinen Wehrpaß, der noch nicht hinreichend verändert war, und bin in diesen Monaten - man kriegt ja 'n ungeheuer waches Auge! - nur vier mal von „Kettenhunden" angehalten worden.

In meinem Wehrpaß hatte ich den Namen „Huth" in „Haupt" umradiert. Aber in einer so miserablen Weise - bei den Tinteneintragungen, wie sie damals waren und dem *gouilloche*-Grund jedes Wehrpaß-Blattes. Hätte man genau draufgesehen, hätte man's erkannt.

Ich hatte dazu noch das Arbeitsbuch. In das guckten die immer ganz schnell, um feststellen zu können: Welche Verpflichtungen hat der denn? Aha: „Wissenschaftlicher Zeichner für Botanik und Veterinäranatomie". Das war dann überzeugend. Hätten die genau geguckt - sofort Feierabend!

Ich hatte diese Veränderung schon in Wanne-Eickel bei Stefan Rupek gemacht, wovon der allerdings nichts wußte. Ich habe Gummiarabicum gekauft und Talkum, und damit gelang mir die Sache miserabel. Aber ich war damals sehr schlau und hatte gute Nerven.

Über Hede erfuhr ich kurz darauf, daß Walter, der Gemahl von Käte Kausel, in Rußland gefallen war. Das war im Februar zweiundvierzig. Und dann trafen wir uns bei Fritze und Hede. Käte und Walter Kausel habe ich auch kennengelernt durch meinen Freund Karl Radtke aus der Zeichenklasse beim Professor Ulrich. Käte Kausel war Modezeichnerin, eine sehr gefragte, im Modeviertel Dönnhoffplatz und Hausvogteiplatz. Da waren ihre Entwürfe sehr geschätzt. Verschiedene Moden aus diesen Jahren sind auf ihre Entwürfe zurückzuführen.

Im Jahre vierzig bin ich mal mit Käte nach Thüringen gefahren. Walter war eingezogen, und Käte hatte einen Sohn, der war Ende achtunddreißig geboren. Käte nahm das Kind mit nach Zeulenroda. Das war ein Aufenthalt von fast vier Wochen. Wir machten die herrlichsten Wanderungen bis in den tiefen Abend. Und wenn das liebenswürdige Bengelchen müde war, dann nahm ich es auf die Schulter.

Wenn wir morgen abend zusammenkommen, dann rufen wir mal die Käte an. Wie es das Leben so mit sich bringt: Der, dem man ganz Außerordentliches zu danken hat - was ist es für eine verhexte Sache, daß man sich durch die Strapaze bei vollem Bewußtsein auf beiden Seiten entfremdet und keiner mehr die Kraft hat...

(Käte ist nicht die Frau, die mir Vorwürfe machen würde. Ich kann mir dann nur selber den Vorwurf machen, aber da zeigt sich manchmal...)

Nun, es war so: Walter, unser Freund, war gefallen. Und es kam der Bombensalat. Die erste Bombe, die in Berlin fiel, die fiel am Breitenbachplatz auf die Gemüsehandlung Kottmann. Das gab eine Völkerwanderung! Die Leute sind alle zum Breitenbachplatz gelaufen.

Käte sagte: „Mit meinem Kind bleibe ich hier nicht in der Stadt. Die Nazis machen das Angebot, man kann sich evakuieren lassen. Also laß' ich mich evakuieren, dahin, wo's so schön ist - nach Thüringen, nach Zeulenroda!"

Ich sagte ihr: „Ich *bin* schon weg. Ich lebe illegal."

Nun schlug sie mir vor: „Du kannst meine Wohnung

übernehmen. Wenn du glaubst, du kannst dich darin halten, dann hast du sie."

Ich muß dazu sagen, wir hatten keine Liebschaft. Es war der Grad von freundschaftlicher Beziehung, von dem ich fast behaupten möchte, daß er nach diesem Kriege kaum noch vorkommt. Diese Art der intensiven Dichte, die hat doch nachgelassen, oder ich täusche mich.

Das war schon fast absurd - daß ein Mensch mir seine Wohnung zur Verfügung stellt mit allem, bei der Wahrscheinlichkeit, daß ich dort eines Tages auffalle und gekriegt werde. Die stand doch tausend zu eins.

Ich erklärte Käte, was mein Trachten war zu machen: Nämlich mich autark zu halten, eine Druckerei einzurichten. Meine Papiere hatte ich ja schon verändert, und wenn ich als „Haupt" hier wohne und die Leute in Schach halten kann, wird zuerst nichts passieren. Ich arbeite ja für die wissenschaftlichen Institute...

Am zweiten März neunzehnhundertzweiundvierzig zog ich also in die Dillenburger Straße 58 f. Das war überhaupt nur möglich, weil mich dort, wo jeder den anderen kennt, wo lauter Nazis wohnten, alle Leute als „legal" kannten. Jedenfalls per Augenschein. Ich bin da die ganze Zeit durchgelaufen.

In den Monaten, da ich mich umhertreiben mußte, habe ich täglich noch ein, zwei Stunden dazu benützt, durch die Potsdamer Straße, die Wassertorstraße, die Admiralstraße zu laufen. Im Stück der Potsdamer Straße von der Potsdamer Brücke bis zur Bülowstraße, da gibt es heute noch die verschiedenen graphischen Anstalten und Druckereien. Da gab's auch eine kartographische Steindruckerei.

Ihr wißt ja: Die edlen Karten, das ist alles Steindruck. Und wenn's maximal sein soll, dann ist es Steingravüre.

Ich hatte, ohne Geld zu haben, in dieser Zeitstrecke geforscht, wo irgendwie eine lithographische Handpresse zu haben war. Die lithographische Handpresse böte mir die Möglichkeit, in *allen* Verfahren drucken zu können. Wenn man Zurichtungen hat, und mit einiger handwerklicher und technischer Finesse kann man alles drauf machen: Hoch-, Tief- und Flachdruck. Das war ja nötig, denn die wichtigsten Papiere - also, Steingravüre kam auf jeden Fall vor.

Nun, wie komm' ich an solch ein Gerät? Auf normalem Wege war sowas einfach nicht zu erwerben. So lief ich durch diese Gegend und fragte in den Druckereien herum. Ja - das gäb' es schon, aber alles, was nicht mehr auf dem Stand der Technik ist, müßten sie selber überholen, und das andere, die Kilo Eisen, die da noch wären, seien alle gemeldet und registriert. Wenn ich wenigstens 'nen Eisenschein hätte, da gäb's vielleicht die Möglichkeit, eine Maschine auszurangieren.

Weil ich den Leuten immer mit meinen Papieren als wissenschaftlicher Zeichner kam, erreichte ich, daß sie mich wenigstens anhörten. Daß ich etwas Aufmerksamkeit erregte. Die Wahrscheinlichkeit, daß ich eine Maschine bekäme, war lächerlich gering. Man brauchte den Nerv, zu spüren: Wo ist jemand, der da etwas zu stehen hat -?! Und dieser Moment trat ein.

Vis-à-vis vom „Leierkasten" ist doch so'ne weißgekachelte Fabrik. Da war eine graphische Firma, die Walzenguß machte und solche Sachen. Da hörten sie mich ganz freundlich an, sagten mir: Nein, bei ihnen gäb's sowas gar nicht. „Aber gehen Sie doch mal zu Herrn Stenz - Mehringdamm, Belle-Alliance-Straße."

Ja, da komm' ich 'rein, und mir fiel schon vom Hof aus auf: Da sind ja lauter Blümchen vor seinem Bürofenster! So ein überraschend freundliches Bild.

Drin ist eine Sekretärin. Ja, ich käme von da und da,

und ob ich vielleicht den Herrn Stenz sprechen könnte? Na, das dauert eine Weile, ich darf da sitzen in dem
Büro, und Herr Stenz tritt in die Erscheinung.

Inzwischen ist die Sekretärin weg, wir sitzen allein.
In dem Büro fiel auf - das war damals absolut unge-
wöhnlich -: Da war kein Hitlerbild, kein Goebbelsbild,
kein Robert-Ley-Bild! Dafür in den Ecken so verschiedene Etagen mit Kakteen und Greisenhaupt. Es war unglaublich für ein Fabrikbüro, eine unglaublich zivile
Atmosphäre. Über die Maßen verblüffend!

Und nun Herr Stenz. Und wie Herr Stenz aussah...!
Ich war durch meinen Freund Bardewyck etwas einge-
weiht worden auf unserer Reise nach Wanne-Eickel und
in den Tagen bei Stefan „Rupp" über die Erkennungs-
weise der Freimaurer und ihren *habit*. Die Erscheinung
von Herrn Stenz traf das Bild, was mir Bardewyck gab,
so direkt, daß ich einfach mit dem *nervus sympathicus*
spürte: Das kann kein Nazi sein. Das ist unter Umständen sogar ein sehr dotierter Bruder.

Na ja, also, wie sieht der Mensch aus: Zu schätzen
damals auf sechzig, fünfundsechzig. Grauhaarig, seri-
ös in gehobenem Bürgersinn.

Und, wie kleidet er sich: Die Stresemann-Hose, die

gestreifte - aber perfekt, elegant. Und dazu die schwarze Jacke, den schwarzen Smoking, mit einem Dings geknöpft - also, Grieneisen konnte nicht so auftreten, bei dem hätt' das nicht lebendig ausgesehen. Aber beim Stenz sah das echt aus. Man konnte sich ohne weiteres vorstellen: Deutschnationaler Freimaurer.

Er ließ mich meine Geschichte erzählen, wie ich ihm versuche darzustellen, daß ich noch eine Zeit freigestellt wär' und doch gern arbeiten wollte, und wofür ich arbeite. Aber auch meine eigenen Arbeiten...

Ich muß den Vers, den ich mir für sonst zurechtgelegt hatte, diesem Mann gegenüber kultivieren. Ich konnte nicht nur darauf 'rumreiten: „Wichtige Tätigkeit bei wissenschaftlichen Instituten" - hier mußt' ich das etwas zum Humanen färben. Nämlich, auch noch was tun zu wollen für mich und keine Möglichkeiten dazu zu haben.

Die Sache war etwas anstrengend, denn ich wurde niemals unterbrochen. Der Mensch ließ mich weiterreden und weiter... Und das steigert natürlich, es kann nicht irgendwo hängenbleiben. Mein Eifer muß sich erhalten!

Er stellte mir nur ab und zu Fragen, die das technische Verständnis, die technische Orientierung der Sache der Schwarzen Kunst, des graphischen Handwerks, der Lithographie, des Hoch- und Flachdrucks betrafen: Welche Maschinen ich denn kenne, womit ich schon gearbeitet habe, und wie ich zu dieser fachlichen Orientierung gekommen sei? Und da erlaubt' ich mir so'n Ausschlüpfer.

Während man redet, spürt man ja: Wie wird es aufgenommen, wie kommt es zurück. Also, ich hatte das Gefühl, diesen Mann kann ich vielleicht etwas ahnen lassen, verhaften läßt er mich auf keinen Fall. Höchstens krieg' ich keine Maschine, aber der wird mir niemand nachschicken.

Als ich noch an der Hochschule studierte, war der Professor Michel der Lehrer für die graphischen Techniken. Der führte uns mal durch die Reichsdruckerei in der Alten Jakobstraße.

Da ich mir einbilden möchte, eine gewisse technische Auffassung und somnambule Assoziation zu haben, so daß ich eine Sache doch ziemlich schnell versteh', und meine Nervenkräfte auch viel besser waren als heute, hab' ich beim Durchgang da, wo die Wertpapiere gedruckt wurden, ganz scharf hingesehen. Meine

Kommilitonen, die kiekten alle ziemlich verträumt dran vorbei. Und in dem großen Raum mit der Mergenthaler und der großen Setzmaschine - ich hab' jetzt den Fachausdruck nicht -, da hab' ich verdammt viel aufgenommen.

Das spielt eine kolossale Rolle, wenn man vorher theoretisch (was der Professor uns nicht beibrachte) sich mit der Maschinentechnik und den graphischen Techniken beschäftigt hat und begehrt, mehr über die Technologie zu wissen.

Es ist da auch ein Zusammenhang mit dem Klavierbau: Im Klavierbau ist eine horrende und nervige Mechanik, und in der Technologie der graphischen Maschinen ist bisweilen auch eine ganz verblüffende Technik. Die sieht zunächst ganz einfach aus, aber dann kommen noch verdammte Kompliziertheiten und mechanisch diffizile Dinge dazu.

Na, weshalb hab' ich das jetzt erwähnt? Weil ich gegenüber dem Herrn Stenz nun fühlte: Also, ich will ihm doch mal sagen, wie weit ich bin, und daß ich im Rahmen des Studiums durch die Druckerei geführt worden bin mit den Wert- und Sicherheitspapieren.

Ich kann es nicht behaupten, aber ich glaube, jetzt

flackerte das auf, was ich in etwa so dachte. Und es muß geleuchtet haben...

Nach 'ner guten halben Stunde sagte er: „Ja, vielleicht kann ich Ihnen helfen." Er führt mich in seinen Keller, da liegen alte Druckmaschinen. Die meisten lithographischen Maschinen, die Handpressen, das sind ja solche Pferde! Mit zwei Gußteilen, zwei Säulen, alles in massivem Guß. Also, ich dachte: Satan, wie werd' ich solch ein Ding unterbringen -?

Aber wir kommen in eine Ecke, da steht eine feldgraue Kiste mit Eisenbeschlägen. Und er sagt: „Das wird vielleicht das richtige für Sie sein. Das ist eine Spezialkonstruktion aus dem Ersten Weltkrieg. Die wurde angefertigt für die Generalstäbler, damit die hinter den Fronten ihre Karten drucken konnten."

So ein Spezialding war das - zerlegbar! Sowas gab's nicht noch mal, das war eine einmalige Sache. Und solide, und fabelhaft präzis und gesund! Der Götterboden (das ist dieser Holzraster, der drunter liegt) noch überall tadellos!

Ja - ich kann sie haben. Ich erkundige mich nach dem Preis.

„Was können Sie denn zahlen, Sie haben doch jetzt kaum Einkünfte?"

„Wissen Sie, ich habe Freunde, die werden mir etwas helfen. Das kann ich noch heute klären. Wenn Sie gestatten, daß ich morgen wiederkomme?"

So haben wir uns freundlich verabschiedet. Dann bin ich 'rausgefahren, wieder an die Havel, und am Abend zurück zu Hede und Fritze. Und denen hab' ich vorgelogen, daß ich dringend fünfundzwanzig Mark brauchte. Ich hätte einige Arbeiten für mein Institut verhauen, das darf mir unter keinen Umständen passieren! Ich muß mich jetzt hinsetzen und alles nacharbeiten, und dafür muß ich Material besorgen.

Sofort rückte Hede fünfundzwanzig Mark heraus. Diese fünfundzwanzig Mark waren für mich das Existenzkapital.

Am nächsten Nachmittag um zwei Uhr war ich wieder bei Herrn Stenz: „Wissen Sie, es kommt noch Geld nach, im Augenblick -" (er hatte mir niemals den Preis genannt) „- kann ich fünfundzwanzig Mark anzahlen."

„Na gut. Brauchen Sie sie gleich?"

Es wurde immer verworrener, immer heikler. Aber trotz allem sehr gemütlich, als sei es ein Geschäft im tiefsten Frieden, und als gäbe es überhaupt kein Problem mit dem Eisenschein. Das war alles wie weggeblasen.

Er sagte: „Wo woll'n Sie denn hin? Ich kann Ihnen hier ein Auto stellen, da laden wir das Ding auf. Zahlen Sie mal, wie Sie können."

Ich denke, es spukt. Und er fragt: „Wo wohnen Sie denn?"

„In Wilmersdorf..."

Er guckt mich an: „In Wilmersdorf, so -!" Und es war ganz klar: Die Adresse wollt' er nicht wissen.

Ich frage ihn: „Was wiegt das Ding eigentlich?"

„Ja - neun Zentner."

Ich sage: „Haben Sie nich 'n Handwagen?" (Den hatt' ich nämlich im Hof gesehen, das war eine zweirädrige Karre). „Wissen Sie, das geht doch nicht mit dem Hinfahren, wo ich überhaupt nicht zahlen kann. Darf ich die mir selber transportieren?"

„Na gut. Bringen Sie auch den Handwagen wieder?"

Es ist nicht zu fassen: Um halb drei war die Maschine aufgeladen! So drei, vier Arbeiter halfen dabei.

Brüderchen, ihr macht euch keine Vorstellung, was das für 'ne Schinderei war. Ich könnte noch den Weg genau beschreiben, jede Straße...wie ich dieses Ding durch die ganze Stadt zum Breitenbachplatz gefahren habe. Es war 'ne körperliche Leistung, die war nicht von Pappe. Wär' ich ins Kippen gekommen, da war nichts mehr zu wollen. Es war eine artistische Balance-meierei - unvorstellbar!

Ich kam die Barstraße hoch, was aber ziemlich ge-fährlich war, denn die hat 'ne leichte Steigung. Das fängt schon am Fehrbelliner Platz an, aber ernst wird es dann erst am Friedhof. Halb drei bin ich losgegangen, und in der Dillenburger Straße war ich um elf Uhr abends.

Als ich am Bahnhof Schmargendorf war - da war damals kein Asphalt, sondern gepflastert -, wurd' es ganz teuflisch, denn es setzte gerade ein Nieselregen ein mit leichtem Glatteis. Und da blieb ich stecken. Über diese Steigung kam ich nicht hinweg.

Ich erinnere mich, daß ich da zwei Stunden gestan-den habe und aus der S-Bahn immer die Leute heraus-kamen und vorbeiliefen. Kein Mensch kam auf den Ge-danken, vielleicht mal in die Speichen zu greifen. Die guckten und liefen vorbei.

Ich gab es dann auf und machte die Reise hinten 'rum, über den Rüdesheimer Platz und den Südwestkorso. Dann gab's noch mal 'ne kleine Steigung bei dem Eck-Café Telschow am Breitenbachplatz, die war sehr müh-sam, dann hatt' ich's endlich geschafft.

In Kätes Haus wohnte ein Polizist, mit Familie. Nun will es der Teufel, daß dieser Mensch gerade seinen Dienst antritt. Der kommt jetzt, abends elf Uhr, aus dem Haus! Ich hatte - die Maschine war ja zerlegbar - schon den Kasten auf, sollten die Leute ruhig alles sehen! Und der sieht mich da und sagt: „Menschenskind, dat schaffense doch nich alleine!"

Der war mir später immer gewogen und hielt mich natürlich auch für'n treuen Nazi, obwohl ihm bei der Polizei nicht alles so paßte. Der half mir nun, die einzelnen Teile - den Kopf der Maschine, der mit das schwerste Stück war, und die untere Walze, die Gegenwalze - in den Keller zu tragen. Und meinte: „Na, wenn ich jetzt Schwierigkeiten habe, kann ich ja sagen, das war'ne kriegswichtige Sache. Sie haben hier eine wichtige Tätigkeit. Und wenn soviel Eisen verrosten würde im Winter..."

Der Keller war ein Bretterverschlag. Meine Maschine stand dann *so (zeichnet einen Plan)* - und hier war Schluß mit dem Keller, und wieder 'ne Brandmauer mit Durchbruch, weil man ja in den anderen Keller 'rüber mußte.

Hier waren die anderen Keller und hier noch zwei

daneben. Mein Keller war *der* hier. Meine Maschine nahm soviel Raum ein, daß sie bis zum Bretterverschlag reichte. Und ich hatte nur *so* wenig Platz.

Hier war der Kopf der Maschine und hier die Kurbel. So! Mit der Kurbel was das so eng, daß ich nun direkt an der Wand stand. Wenn ich das durchziehen mußte - *so* eine Turnerei! Und hier, am Ende der Maschine, hatt' ich meine ganze Tarnung: Lauter Platten, teilweise druckfertig präpariert, von soundsoviel Schlangen, Skorpionen und Ratten und wie die sich vermehren. Solche Dinger hatt' ich ja früher gemacht, auch von Pflanzen. Also, der ganze Tarnungsklotz lag da.

Und hinter der Maschine - hier lag das, was wirklich war! Da war aber auch immer was drübergedeckt, also, es konnte keiner einsehen. Da lag auch immer meine Kanone, ein Browning, den ich von Trökes gekauft hatte.

Diese Dinger schießen ja nur sehr kurz. Aber ich hätte damals, wenn so'n Kettenhund 'reingekommen wäre und gesagt: „Nun kommense mit!" da hätt' ich damals...

Heute würd' ich wohl nicht mehr auf einen schießen, nein, ich glaub's nicht. Aber damals war ich entschlossen: „Jetzt hältste dich 'raus oder es ist passiert!"

Ich möchte sagen, daß ich damals auch die Fähigkeit hatte, das Gefühl der Angst und Unsicherheit wie durch Automatismus abzustellen. Ich hätte auf der Stelle geschossen! Nicht in der Erwartung, mein Leben unter allen Umständen retten zu können. Ich hatte gegenüber der Nazi-Uniform und dem dotierten Militärauftritt eben einen richtigen tiefen Haß! Damals hätte mir das Gewissen nicht geschlagen. Heute ist das ein bißchen anders, heute weiß ich nicht, wozu man jemand erschießen soll.

Ich habe am nächsten Tag den Handwagen zurückgebracht - was war das für 'ne Leichtigkeit. Und da war's so ulkig. Der Stenz kam kurz 'rein ins Büro und sagte: „Wissen Sie, ich hab' jetzt keine Zeit. Das erledigt die Sekretärin. Haben Sie den Wagen mitgebracht? Ja, ist gut - meine Sekretärin wird nach ein paar Wochen mit Ihnen reden."

Aus! Die Sekretärin kommt, ich warte noch einen Moment, und sie sagt mir, ich solle mir keine Gedanken machen und das abzahlen, wie ich kann.

Die Idee für eine Druckerei hatt' ich schon im Jahre

neunzehnhundertvierzig, bevor überhaupt der letzte Gestellungsbefehl kam. Ich hatte die Überlegung: Wenn ich mal aussteige, dann muß ich versuchen, für den Eigenbedarf mir diejenigen Papiere, die zur Existenz notwendig sind, selbst herzustellen.

Weil ich bei meinen Eltern in der Boxhagener Straße ja nichts machen konnte, aber begehrte, aus Hoffmannschen Erzählungen Verschiedenes in Kupfer zu stechen, hatte mir Käte damals angeboten, in ihrer Wohnung einen stillen Arbeitswinkel für mich einzurichten. Dort hatt' ich dann mein handwerkliches Instrumentarium deponiert. Also die unmittelbaren Werkzeuge, die man für Hoch-, Tief- und Flachdruck braucht, mit Ausnahme der Presse und der photographischen Einrichtung.

Da hab' ich auch mal die Erzählung „Ritter Gluck" in Kupfer gestochen. Das hab ich dann in die Boxhagener Straße zurückgetragen und da ist es verbrannt. Mein ganzes handwerkliches Instrumentarium war also noch in der Dillenburger Straße.

Ich habe nur Reisemarken gedruckt. Denn die normalen Lebensmittelkarten hatten ja den sogenannten

„Stammabschnitt", wo der Name und die Adresse drauf- standen. Wenn man damit einkaufen wollte, mußte man auf Verlangen den Ausweis vorlegen.

Zuerst habe ich angefangen mit Fleisch- und Brot- marken, aber es stellte sich ganz schnell heraus, daß das unsinnig war. Brot war zu sperrig, Fleisch hält sich nicht. Ich habe dann nur noch Buttermarken gedruckt, die ließen sich dann wieder tauschen.

Die Vorlagen für die ersten Marken habe ich von Bardewyck bekommen. Als wir bei Rupek saßen und ich ihm sagte, ich fahre jetzt selbstverständlich wieder nach Berlin zurück, da hatten wir eine Vereinbarung, uns einmal auf dem Bahnhof Savignyplatz zu treffen und einmal auf dem Anhalter Bahnhof. Das hat funk- tioniert.

Am Savignyplatz haben wir uns auf dem Bahnsteig getroffen. Unten, am Westeingang, gab's ein Café, da haben wir gesessen. Und ich hab' noch im Sinn, daß er seine Reisemarken aufblätterte und uns was bestellte. Bei dieser Gelegenheit - er wußte ja, daß ich von jeder Versorgung abgeschnitten war - schenkte er mir vier Reise-Buttermarken. Diese Marken hab' ich dann als Vorlagen benutzt.

Die erste Platte hab' ich nicht gestochen. Das war eine ausgesprochen primitive photographische Reproduktion. Primitiv nicht im Ausgang des Effekts, sondern in der Konzeption der Behelfseinrichtung. Mir stand nur ein Pappkasten zur Verfügung, den ich mit Dreikant-Holzleisten stabilisierte und so regulierte, daß man ihn zur Schärfeeinstellung auseinanderziehen konnte. Ich hatte nur eine einfache Bikonvex-Linse - also den simpelsten aplanatischen Effekt, der selbstverständlich verzeichnet.

Um diese Verzeichnung herauszukorrigieren, habe ich erst die Marke aufgenommen, also mit der doppelten Brennweite auf die hart kopierende photographische Platte. Jetzt habe ich die Sache vergrößert, mit einer Opalscheibe dahinter und mehreren Lampen, und die Lampen so eingerichtet, daß die Opalscheibe für das dort' reingeschobene Negativ einen Flutlichteffekt gab. Der natürlich für hochpräzise graphische Sachen nicht ganz geeignet ist. Aber mit der simplen photographischen Übertragung kam ich sowieso nicht aus, wegen meiner unzulänglichen Hilfsmittel.

Nun mußt' ich also graphisch der Sache nachhelfen. Das tat ich, indem ich das Negativ, das ungefähr

Originalgröße hatte, wieder reproduzierte und vergrösserte, mit einer immens langen Belichtungszeit. Beim ersten Mal klappte die Sache nicht, weil das Licht nicht ganz ausreichte und das erzielte Positiv noch etwas größer war als das Ganze mit dem Glas.

Es war also zu flau. Und die Oberflächenstruktur bei einem Sicherheitsdruck ist immer so angelegt, daß die Grundfarbe und die *gouilloche,* die drüberliegt (als besonderes Sicherheitselement gegen Nachahmung) im Grauwert benachbart sind - sowohl das eigentliche, markant-optische Emblem wie auch die *gouilloche.* Diese beiden liegen bei jedem Sicherheitspapier, wenn's übertragen wird in den Schwarz-Weiß-Wert, immer in der Nachbarschaft. Und auch in Nachbarschaft der Grauwerte, die das Papier hergibt.

Die *gouilloche,* genannt nach ihrem Erfinder, ist die feine Lineatur, die durch die Gouillochiermaschine erzeugt wird. Da geht über die Platte ein Gravierdiamant, der ritzt das ein. Der wird durch Sternwerke oder Ovalwerke gesteuert, und nach pantographischem Prinzip kann die *gouilloche* vergrößert oder verkleinert werden.

So'ne fabelhafte Präzisions-Gouillochiermaschine,

mit dem pantographischen System gekoppelt, hab' ich mir immer gewünscht. Das schwebte mir auch vor, als ich meinen Eltern hinterließ, ich führe nach Wanne-Eickel, um einen Präzisions-Pantographen zu kaufen. Da schwebten meine Gedanken schon um diese Dinge herum.

Die erste Aufnahme mit meiner Beleuchtungs-einrichtung erforderte so lange Belichtungszeiten, daß der Schärfeverlust erheblich war. Ich konnte mir ja nicht leisten, ungeheuer teure photographische Spezialplatten zu kaufen. Ich mußte großformatige Papiere verwenden, im Format 18 x 24.

Die meisten, die es gab, waren Glanzpapiere, für meine Zwecke nicht so geeignet. Am besten war das „Portriga"-Papier. Das hatte, nach dem damaligen Stand der Technik, die maximale Toleranz hinsichtlich Belichtung und Entwicklung. Bei den anderen Papieren war die wesentlich begrenzter.

Meine Beleuchtung war ja sehr improvisiert. Wenn ich zwei Nitraphot-Birnen hatte, war ich schon selig! Jedes Glanzpapier hätte mir da Schwierigkeiten bereitet. Schließlich kam ich auf den Gedanken, das Zimmer zu verdunkeln und mit einem Spiegel das Sonnenlicht auf die Opalscheibe zu lenken. Damit hatte ich einen sehr guten Effekt.

Die Verdunkelung war auch eine ganz gute Tarnung, denn die Scheiben waren mal 'rausgeflogen, und ich machte nun 'ne dunkle Pappe davor. Die Wohnung war ja so angelegt: Auf der einen Seite waren die Lauben und auf der anderen Seite die Häuser der Dillenburger Straße. Mir kam die Sonne aber nur auf den Balkon, und der lag zur Straße hin.

Nun konnt's den Leuten vielleicht plausibel sein, wenn ich mir da so 'ne Luke machte, zum Aufklappen. Den Spiegel konnte keiner sehen, denn der lag tiefer. Jetzt hatt' ich genügend Licht, aber eben wegen der schlechten Linse eine Verzerrung. Die mußte herauskorrigiert werden.

Das machte ich so: Ich nahm eine große runde Pappscheibe, stabilisierte diese Scheibe durch Leim und aufgeleimte Pappstreifen und bohrte ringsum Löcher, durch die ich Schnüre zog. In der Mitte machte ich einen Knauf und drehte nun die Sache so zusammen, daß sich eine konkave, zur Linsenoberfläche parallele Fläche bildete.

Auf die Pappe hatt' ich das manuell korrigierte Foto

der Marken gezogen (also eine Vergrößerung), und durch das Zusammendrehen der Schnüre erreichte ich, daß der optische Fehler der Linse wieder ausgeglichen wurde.

Ich hab' immer bei Hede gefragt: „Seht doch mal nach - Ihr habt da irgendwo eine alte Holzkamera 18 x 24 zu liegen!" Eines Tages war sie da. Aber ohne Optik. Eine gute Optik zu kriegen war so gut wie unmöglich.

Dann kam ich mal am Dönhoffplatz in die Talbot'sche Fotohandlung. Die lag zwischen den alten Kleist-Kolonaden und dem Spittelmarkt, auf der Seite der Kolonnaden. Und bei Talbot war ein eigenartiger Mann: Herr Krehn. Ich fragte Herrn Krehn - denn ich mußte ja damit rechnen, daß die Druckerzeugnisse immer komplizierter werden. Einen Wehrpaß zu photographieren, ist noch heute eine phototechnische Schwierigkeit ersten Ranges. Danach kommen dann gleich unsere Banknoten...*

* *Über dieser Abschweifung vergaß der Erzähler den Ausgang des Gesprächs mit Herrn Krehn zu berichten. Offenbar bekam er das begehrte Objektiv.*

Zu einem Präzisions-Pantographen, von dem ich sprach, kam ich nie. Der Trick, mit dem ich nachher die *gouilloche* - und zwar für einen Wehrpaß! - maximal zu erzeugen imstande war, war der, daß ich mir eine Pappe mit Leim und Alaun so präparierte, daß sie steif wie ein Brett und damit schleiffähig wurde. Nachdem ich diese Pappe geschliffen habe, hab' ich mir eine Gelatine-Chromschicht zusammengestellt, also eine Gelatine-Tempera, die mit Chromsalzen durchsetzt war.

Die Chromsalze - Kaliumbichromat, Ammoniumbichromat - haben, wenn man sie organischen Stoffen wie Leim oder Eiweißen zusetzt, die Eigenschaft, an den von Licht getroffenen Stellen die organischen Substanzen zu härten, also wasserunlöslich zu machen.

Je nach Belichtung kann man erreichen, daß die Schicht, wenn man sie jetzt entwickelt und ins Wasserbad tut, an den nicht vom Licht getroffenen Stellen (wo die Chromat-Gelatine unter dem gedeckten Negativ liegt) völlig abschwimmt oder nur ein Quellrelief bildet.

Ich habe natürlich so belichtet, daß ich ein Quellrelief bekam. Dieses Quellrelief hab' ich in Gips abgeformt, leicht mit Schellack überpinselt und nun, nachdem der

Gips abgenommen war, den Abdruck mit Asphalt-Lösung zugestrichen. Zuletzt hab' ich ihn übergossen mit Harz, etwas mit Mastix versetzt (der Schellack bildete 'ne kleine Isolierschicht...das mußte alles sehr aufeinander abgestimmt sein, es waren viele Experimente dazu nötig) - und nun den Gips wieder geschliffen.

Jetzt hatt' ich die *gouilloche* in den vertieften Stellen in tiefem Schwarz auf dem leuchtenden Gipsplan. Und alles war vorher in der empfindlichsten Weise korrigiert.

Wenn ich diese Gipstafel erneut photographierte, bekam ich erstens keinen Glanz - ich konnte meine beiden Nitraphotlampen aufstellen -, und konnte zweitens Marke oder Paß photographisch wieder präzise auf die Originalgröße bringen!

Ich muß sagen, daß die Arbeit wegen der in fast allen Bereichen unzulänglichen Mittel mich schon faszinierte. Aber sie war so pausenlos, das ging die Tage und die Nächte durch.

Im Keller druckte ich, und was das mit dem Drukken für eine Schwierigkeit bedeutete! Ihr wißt ja alle, was beim Andrucken alles verlorengeht. Ich hatte an

Papierverlust - was da nicht zu gebrauchen war, im Ofen verschwand - so ungefähr das Zwanzig-, Dreißigfache dessen, was sich verwenden ließ.

Bis eine Form erst mal Farbe fängt - das ist vielleicht bekannt?! Und bei diesen Farben war's besonders schwierig, denn die mußt' ich mir ja alle selber machen. Da gab's ja nichts zu kaufen.

Damals war die Bindung der Farben noch nicht auf Kunststoffe eingestellt (obwohl die Pigmente bei den heutigen Wertpapieren noch immer sehr originale Pigmente sind). Das waren damals alles Harze, mehr oder minder gebrannte Firnisse.

Da gab's in der Brüderstraße, die vom Begas-Brunnen am Alten Marstall abgeht, gegenüber vom Schloß, eine herrliche Drogerie - die Drogerie des Herrn Stengel. Und dieser wunderliche Mann war so erfreut darüber, daß ihm mitten im Kriege solche Fragen da gestellt wurden, daß ich von ihm alles bekam.

Ich bekam wirklich alles! Wenn auch in kleinen Mengen, aber ich bekam Venezianer Terpentin, ich bekam Dammar, ich bekam alten Bernsteinfirnis.

Bernsteinfirnis war wichtig! Der wird auch bei Dörner erwähnt und in alten Büchern, die alle aus Leipzig kommen, aus der Verlagsreihe Knapp - da sind unzählige Rezepte für Druckfarben nachzulesen. Und es ist ganz interessant, daß die maximalen Drucke für Wertpapiere undsoweiter, was die Ingredienzien der Bindemittel und der Pigmente angeht, sich ganz klassisch-empirischer Rezepte bedienten. So ist es im wesentlichen auch heute noch bei unseren Wertpapieren wie Geldscheinen.

Es gibt so 'ne ganz primitive Methode, den Dollar auf seine Echtheit zu prüfen. Also, ich hab' seit zehn Jahren keinen Dollar mehr in der Hand gehabt - aber da, wo er grün gedruckt ist, ist das reine Chromoxydgrün. Wenn man den nun reibt an einem etwas rauhen, weichen Papier, dann gibt er das Chromoxyd ab, weil das ein richtiges Pigment ist.

Na ja, schön, jedenfalls hab' ich mir die Druckfarben alle selber angerieben.

Bei den Reisemarken war's ja mit dem Drucken noch nicht getan, ich mußte noch eine Methode finden, diese Marken präzise nach den Originalbögen zu perforieren!

Ich nahm dazu eine Nähmaschine, die ich zur Stanzmaschine umarbeitete. Die beiden Zahnparallelen, die den Stoff befördern, hab' ich entschärft. Und zwar auf einfache Weise: Indem ich Gummiarabicum mit etwas Firnis mengte, sodaß eine minimale Elastizität der Oberfläche gegeben war. Der Zahn hätte ja eine Druckstelle erzeugt.

Das Schiffchen unter der Nähmaschinenplatte hab' ich nicht gebraucht. Ich habe mir aus einer Zinkplatte ein neues Plättchen zurechtgemacht, es genauestens eingeschliffen und mit einer Bohrung versehen, die exakt die Weite eines Performationslochs hatte. Dann die Nadel stumpf geschliffen, in Asphalt getaucht (man mußte da prüfen: Was ist die richtige Härte?) und nochmals leicht überschliffen.

Wenn man nun die Nadel in ein Reagenzglas mit schwacher Säure taucht, dann bildet sich durch den Ätzeffekt auf dem stumpfgeschliffenen Ende ein Kraterchen. Und jetzt haben wir das perfekte Stanzwerkzeug. Da fielen die kleinen Perforier-Plätzchen immer präzis 'raus. Die Führung war auch ganz genau. So -!

Das Papier hab' ich mir geholt aus verschiedenen Schreibwarengeschäften, immer in den allerkleinsten Mengen, weil man nur ganz wenig bekam. Und dann hat mir Hede Papier besorgt, manchmal auch Bardewyck.

Das hab' ich vergautscht mit Packpapier, und zwar weißem Packpapier, was man nur ganz selten kriegte. Aber davon konnte mir Hede immer noch was besorgen. Das hab' ich dann aufgeschliffen, aufgeweicht und miteinander vergautscht - das heißt also, verpreßt mit etwas tierischem Leim und Alaunlösung.

Trökes kannte meinen Unterschlupf und hat auch mal versucht, eine Nacht lang mitzuarbeiten. Der war damals noch legal und Soldat bei der Flak. Er ist erst ausgestiegen in den letzten beiden Monaten, da hab' ich ihm einen Wehrpaß gemacht.

Als er zu mir kam, im Winter, war es eiskalt, und ich mußte doch Kohlen sparen. Ich hatte nicht die Möglichkeit, von irgendwoher welche zu beziehen. Ich hatte gerade noch sechs Kohlen.

Die hat er, weil's ihm zu kalt war, alle in den Ofen gefüttert. Mit diesen sechs Kohlen wollt' ich eigentlich noch sechs Tage durchhalten. Denn wenn man den Ofen nicht ausgehen läßt, immer ganz vorsichtig eine Kohle 'reinschiebt, dann hat man leichte Verschlagenheit im Zimmer.

Aber trotzdem war's eiskalt, und die Fenster waren

schon wieder mal 'rausgeflogen - also Pappe und Papier vor den Fenstern. Diese Verhältnisse machten große Schwierigkeiten beim Drucken. Ist ja klar, die Farbe darauf einzustellen ohne den richtigen Verdünner, kein Petroleum zu bekommen, das waren alles immense Hindernisse.

Trökes fing nun an zu arbeiten. Es gab die erste Schwierigkeit, als ihm die Hände dreckig wurden. Wie soll ich das sagen: Dieses Waschbedürfnis, ich hatte es auch, aber wenn's dann ordentlich aussah, war es genug.

Bei solchen Gelegenheiten zeigt sich eben, wo, nach Temperament und Charakter, jeder Mensch seine Grenzen hat. Ich spürte, daß Heinrich den Wahnwitz meines illegalen Zustandes und die beträchtliche Zahl von Problemen doch nicht erkannt hat.

Wohl auch nicht erkennen konnte - denn er war ja noch legal.

Was mir geholfen haben muß durchzukommen, ist wohl, daß mich die Leute hinsichtlich meiner Nervenfestigkeit, Nervenkraft, meiner physischen Kraft (und, wenn ich's mal ein bißchen eitel sagen darf: Auch, was die Sache eines gewissen Witzes angeht) unterschätzt haben. Daß die Dinge, die dazu nötig waren, um diese illegalen Sachen zu machen, mir kein Mensch zutraute.

Kein Mensch hat für möglich gehalten - wenn da so 'ne Maschine steht und der da immer dran ackert und sogar druckt, während die Bomben fliegen - daß da dran was faul sein könnte.

In dieser Gegend war's eigentümlich: Wenn eine Luftmine irgendwo in Wilmersdorf 'runterging, gab es eine Wellenbewegung. Die Keller schwankten beträchtlich.

Die Leute saßen, während ich druckte, überall an den Wänden. Es waren ja meistens Frauen, zwei alte Männer bisweilen, und die waren immer froh, wenn ich da war und 'runterkam.

Für mich war es sehr eigenartig zu hören, wenn so Urlauber von der Front kamen und sagten: „Um Gotteswillen, das ist ja hier viel schlimmer als draußen!" Ehrliche, olle Feldwebel, die schon den ersten Weltkrieg mitgemacht hatten und jetzt noch mal Feldwebel wurden, die kamen aus Rußland und sagten: „Donnerwetter, das ist ja 'ne ungemütliche Kiste hier!"

Es gab Brandbomben mit Sprengsatz, diese acht-
kantigen Stäbe. Die anderen konnte man mit Sand löschen, aber man wußte ja nie, ob so'n Ding nicht 'nen
Sprengsatz hatte. Und die waren gemein, die konnten
einem die Beene wegreißen! Es war für mich einfach
die Überlegung: Brennt das Haus ab, ist Feierabend.
Also nach jedem Alarm 'rauf auf den Dachboden!

An die fünf, sechs Mal hab' ich da oben solche
Dinger gelöscht. Und wenn dann mal wieder der nicht
mehr eingezogene Blockwart mahnte: „Sie müssen sich
aber endlich hier anmelden!", dann kamen die Frauen
und sagten: „Ach, nun machense doch dem Haupt keene
Schwierigkeiten."

Denn ich hatt' ihm erklärt, daß ich in Ketzin meine
Wohnung habe. Da hätt' ich auch meine Bibliothek ein-
gelagert. Den Krieg würden wir sowieso gewinnen, aber
dann ginge ich nach Ketzin.

Der hätte ja nur mal durchtelefonieren müssen, ob
das stimmt. Aber so'n Blockwart, so despotisch und
fatal er sein konnte - wenn der einen u.k.-gestellten,
wichtigen Mann in seiner Tätigkeit behindert, dann
kriegt der Blockwart eins vor'n Kopp. Und meine Sache sah eben zu sicher aus.

Hinzu kam noch, daß es in Kätes Wohnung ein Telefon gab. Das einzige im Hause. Nach den Angriffen riefen immer Leute an, die wissen wollten, ob das Haus noch steht. Ich sagte dann: „Aber bitte, selbstverständlich!" Sie konnten alle bei mir telefonieren.

Dabei ist es mal zu 'ner saudummen Panne gekommen. Ich hatte auf dem Bücherregal große 18/24-Platten mit Strichaufnahmen - also exakteste graphische Photographie - zu stehen, zum Trocknen. Und die geätzten Zinkplatten auch schon. Da ist dieses Emblem, was die Marke ausmacht. Im Hochdruck, um an den Seiten tiefer zu ätzen, deckt man das alles mit Asphaltlack zu.

Wenn das nun da steht, und die Nachbarin setzt sich hin, um zu telefonieren - ich dachte: Verdammt, hoffentlich geht sie nicht dichter 'ran!

Als ich dann merkte, daß die Frau so neugierig guckte, bin ich schnell 'raufgestiegen und hab' die Platten zusammengeschoben. „Ach, ich habe ja ganz vergessen —"

Sowas ist dann auch mal vorgekommen. Aber dadurch, daß die Leute immer bei mir telefonieren konnten, hatt' ich den Anschein der Legalität. Alles hing natürlich an einem seidenen Faden.

Ich habe bis zum Ende des Krieges von der Möglichkeit, mit der Butter Geschäfte zu machen, keinen Gebrauch gemacht. Nur für's nackte Überleben!

Selber habe ich in dieser Zeit von Butter und Brot gelebt. Und hier und da, wo ich die Butter hinbrachte, merkte ich manchmal, da ist 'n Stück Fleisch im Topf. Das kam bei mir in dieser ganzen Zeit drei Mal vor.

Das hatte ich dann nicht selber besorgt, sondern da hatte die Freundin vom Trökes - die war ja 'ne sehr tüchtige Polin - mal 'n bißchen Butter gespart, so'n kleinen Tausch gemacht und mir dann auch mal ein Fleckchen Fleisch besorgt. Die wollte das öfter machen, aber ich habe das abgelehnt, weil mir das alles schon zu verfänglich war. Kein Risiko, an keiner Stelle!

Ich habe von Butter, Salz und Brot gelebt. Und noch eine Sache kam dazu: Wenn ich bei Hede war, dann kriegt' ich manchmal für'n Achtel Butter ein Glas Pflaumenmus. Das war ausschließlich meine Ernährung. Und manchmal kam's vor, daß ich, wenn ich durch die ganze Stadt gelaufen war, meine sämtlichen Bütterkens verteilt hatte und selber nicht mehr das Achtel oder das Sechzehntel zurückbehielt.

Das Geld, was ich brauchte, wurde mir manchmal

zugespielt über Gertrud Classen. Wenn Bardewyck nach Berlin kam, dann half er mir auch mit etwas Geld, und das war für meine Zwecke immer ausreichend. Als ich illegal war und wir uns wiedertrafen, sagte ich ihm: „Also, dann kommen Sie mal mit und sehen Sie sich das an."

Und von diesem Zeitpunkt an kannte Bardewyck meine Druckerei, meine graphische Einrichtung bis ins Detail. Er fragte dann mal so an, ob er nicht ein paar Marken von mir haben könnte. Später bekam ich von ihm auch Adressen von Leuten, die untergetaucht waren. Denen brachte ich dann immer Butterpäckchen.

Die Leute gaben mir genau das Geld, was die Butter kostete (die's sich ja, weil sie keine Einkünfte hatten, von woandersher geben ließen), Nichts drüber, nichts weniger.

Ich hatte für meine eigenen Verhältnisse praktisch kein Bargeld. Das war erst in den letzten drei Monaten der Fall, wo es nun eindeutig war, daß es zuendeging. Und da war der Anlaß eigentlich Trökes, der meinte, wir müßten unbedingt - mir leuchtete das gar nicht ein - doch zu etwas Geld kommen. Denn wenn die Sache zusammengebrochen ist, ergäbe sich vielleicht die

Möglichkeit, daß man sich bewegen kann. Daß man aus Berlin abhaut, sich nach Westen absetzt.

Das waren alles sehr verschwommene Spekulationen.

Ich sagte dann mal dem Trökes und dem Konsul Flemming: „Na gut, macht ihr die Sache auf eure Weise".

Und so kam es dazu, daß ich in den letzten Kriegsmonaten ein paar Fuffzigmarkscheine hatte. Vorher war dergleichen nie der Fall! Diese Fuffzigmarkscheine nützten mir auch nichts. Denn als die Sache zuende war, da mußtest du soviel Fuffzigmarkscheine haben - das war ohne Proportion, es war ein *nonsense*.

Am Anfang der Illegalität hatte ich überhaupt keine Vorstellung, daß ich irgendeine Art von Widerstand ausüben oder in solchem Zusammenhang irgendjemand mal nützlich sein könne. Ich hatt' auch nicht die Vorstellung, durch Widerstand etwas am Getriebe ändern zu können. Am Anfang war meine Vorstellung: „Ich werde mir selber helfen, solange ich kann."

Und meine Freundin Käte, die mit ihrem Sohn in Zeulenroda war, hat manchmal, wenn sie so alle vier

Monate mal nach Berlin kam, doch ein bißchen bedauert, daß ich ihr niemals postalisch Marken schickte. Das hab' ich ganz selten mal gemacht. Wenn sie hier war, nahm sie sich auch ein paar mit. Aber sie war einsichtig genug zu verstehen, daß es mit der Post zu gefährlich war.

Außer Bardewyck waren es Ilse Haag (die jetzt mit Günter Stillmann verheiratet ist), Gertrud Classen, Christa Eichler und Beyschlag, die mir Adressen von Menschen gaben, denen ich meine Butter bringen sollte. Das waren, mit Ausnahme von sechs Leuten, alles Untergetauchte - Leute, die teilweise auch gefaßt wurden, mich namentlich aber nicht kannten. Von denen ich später gehört habe, daß sie nicht dichthalten konnten und sagten: „Ja, hier hat uns jemand versorgt".

Es waren auch ein paar Leute dabei, die gesagt haben: „Jemand hat uns Butter gebracht". Aber sie konnten nicht sagen, wo und wer ich war.

Die meisten dieser Leute lebten total versteckt. Versteckt von Freunden. Wer wirklich Leute versteckte, das waren die Proletarier untereinander. Die Ärmsten halfen den Armen. Und die Leute, die wirklich Möglichkeiten hatten - da war nichts, gar nichts.

Wenn ich eine neue Adresse bekam, wurden mir immer Vorschläge gemacht für Erkennungszeichen, Quasi-Parole-Worte und solch einen Scheißdreck. Das waren besonders die Frauen, die sich was anstecken oder 'ne Zeitung irgendwo 'rausgucken lassen wollten, die verrücktesten Sachen - oder 'n Farbfleck auf'm Schuh.

Ich sagte: „Wir machen die Sache so - wir nehmen eine ganz präzise Uhrzeit, nicht mehr Zwischenraum als fünf Minuten. Eine genaue Beschreibung des Hauses, Skizze - da sollen die Leute scharfsinnig sein. Diese Skizze präg' ich mir ein, und sie wird auf der Stelle verbrannt. Wenn ich durch Angriff, Alarm oder irgendwelche Dinge verhindert bin, dann haben wir Pech gehabt."

Zur fraglichen Zeit hab' ich geklopft, geklingelt, es wurde geöffnet: Desolierte Leute, ziemlich verjammert, die fürchterlich arbeiten mußten. Dann wurde nicht weiter gesprochen. Ich habe den Leuten gesagt: „Ich bin genügend orientiert, wir wollen über nichts sprechen. Ich komme dann und dann wieder."

Das wurde dann allerdings im Ungefähren gelassen. Die erste dieser Begegnungen hatte als Erkennungszeichen nichts weiter als die präzise Zeit. Wenn Worte gewechselt wurden, - wie stünde es mit dem Krieg? - hab' ich den Leuten gesagt: „Ich bin genau so wenig orientiert wie Sie. Wir können uns buchstäblich über nichts unterhalten."

Und das hatte ganz merkwürdige Sachen zur Folge. Ich habe manchen Leuten Butter gebracht, die durch ihre fürchterliche Lage so verbittert waren, daß sie mich entweder für einen Mordsschieber hielten, der dafür sonstwas für Gelder bekommt oder sich dadurch irgendwas für die Zukunft sichert. Daß er aussteigen kann oder sich einen Leumund verschaffen, wenn's anders wird.

Also, ein Drittel der Leute - und das ist ein ganz gerüttelt Maß - waren mißtrauisch. Das hat sich auch nach dem Kriege merkwürdig ausgewirkt. Da gab es welche, die die amerikanische Militärpolizei auf mich ansetzten, weil sie glaubten, ich hätte Besitz von Juden.

In der Woche habe ich versorgt, schwankend nach Verhältnissen des Wetters (denn ich durfte nicht wie ein Wassertier einregnen, es war ja wichtig in dieser Zeit, daß man „korrekt" aussah!) so zwischen vierzig und sechzig Leute. Meist waren's aber sechzig.

Nein, es waren mehr. Auf jeden Fall mehr!

Diejenigen, die wußten, daß ich Marken druckte, wollten alle gern, daß ich ihnen die Marken direkt in die Hand gebe. Sie würden sie schon an den richtigen Ort bringen.

Ich habe mich darauf nicht eingelassen. Da es sich um Reisemarken handelte, hätten sie doch unter Umständen den Nachweis gebraucht, daß sie sich permanent bewegen mußten, daß die lokale Seßhaftigkeit immer nur eine kurze war durch die besonderen beruflichen Zwänge. Bis auf wenige Ausnahmen habe ich die Butter jeweils in achtel Pfunden selbst gekauft und den Leuten ins Haus gebracht.

Manchmal, wenn ich im Butterladen war, kamen welche in Zivil, um zu kontrollieren. Einmal war auch ein „Kettenhund" dabei.

Meine Buttereinkäufe waren dadurch getarnt, daß ich sagte: „Hier sind die Marken. Packen Sie mir bitte sechs Achtel ein, aber bitte einzelne Pakete. Ich habe für eine Belegschaft zu kaufen. Ich arbeite in dem und dem Institut, keiner von uns hat Zeit."

Das hat funktioniert. Es kam dann mal vor, daß einer sagte: „Ja, Sie haben zwar Reisemarken, aber soviel können wir Ihnen nicht geben. Wir können Ihnen höchstens vier Achtel geben." Und ich merkte schon, wie die Leute guckten und daß da auch ein Mensch war, von dem ich den Eindruck hatte: Der kann dir gleich nachkommen.

Er kam mir nicht nach, aber wohl nur deshalb: Wir standen bei Butter-Hoffmann, und auf der anderen Seite war Reichelt. Ich setzte nun gleich an, 'rüber zu Reichelt zu gehen, was der Mensch auch beobachten konnte. Hätt' ich aufgegeben, mich verdrückt, hätt' ich mich verdächtig gemacht.

In dieser Zeit hab' ich mich niemals den öffentlichen Verkehrmitteln überantwortet. Ich bin bis Weißensee gelaufen und von Weißensee zurück und habe meinen monsterhaften Latsch durch die Stadt immer so eingerichtet, daß ich noch vor dem abendlichen Alarm Fritze und Hede erreichen konnte. Das verschob sich manchmal, aber nie so wesentlich - man konnte sich auf die Einflüge und die Zeit der Alarme verlassen.

Ein Vierteljahr lang hatt' ich mal jemand zu sitzen hinter Karlshorst, was früher „Sadowa" hieß und das die Nazis umgetauft hatten in „Wuhlheide". Ich bin bis dahin gelaufen am Morgen und am Abend wieder zurück zum Breitenbachplatz. Wenn ich dann Fritze und

Hede noch erreichen konnte, war's gut. Wenn ich's nicht schaffte, dann versuchte ich, in den Tiergarten zu laufen.

Mit meinem Köfferchen und der Butter mochte ich nicht in den Luftschutzkeller gehen, das war zu heikel. Wenn auch meine Papiere einwandfrei waren - da wären verrückte Leute gewesen, die hätten gefragt: „Was haben Sie in Ihrem Koffer -?!"

Ich bin mal in solche Kontrolle geraten. Und gegen Ende des Krieges in eine, die war so blödsinnig, daß sie kaum darstellbar ist...

Von der Burgstraße aus lief ich also meist, nach der ersten kurzen Entwarnung - es dauerte immer so dreißig, vierzig Minuten bis zur nächsten Einflugwelle - in den Tiergarten. Da suchte ich mir dann den Baum so aus, daß ich eine gewisse Splitterdeckung hatte.

Der Tiergarten sah damals sonderbar aus und war von einem merkwürdigen Gestank erfüllt, weil die verbreiterte Straße von den Linden an mit Tarnnetzen überspannt war. Diese Tarnnetze stanken fürchterlich.

Da hab' ich mal ein Erlebnis gehabt: Ich kam von Weißensee, von einem total desolat lebenden Menschen, der untergebracht worden war bei einer Frau, die bei der Eisenbahn Rangierarbeiten machte. Diese Frau war aber sehr geistesverwirrt.

Der Mensch, der bei ihr versteckt lebte, war eine Jüdin. Die war brilliant und guten Verstandes, aber die Nerven hielten beinah' nicht mehr durch.

Diese beiden hausten nun in derselben Küche und hatten dazwischen ein Bettlaken gespannt. Die Zinkwanne, die sie sich teilten - na, es war unvorstellbar!

Da kam ich also an. Ich hatte es nach Möglichkeit immer so eingerichtet, daß ich noch auf dem Rückweg meine Bütterkens loswurde. Wenn ich die pünktliche Zeit nicht einhalten konnte, mußten die Leute eben auf das nächste Mal warten. Und dann hatte ich noch ein paar achtel Bütterkens in meiner Tasche.

So war es diesmal auch. Ich komme von Weißensee, über die Landsberger Allee und dann durch die Landsberger Straße, die führt direkt auf den Alexanderplatz. Als ich am Eckhaus zum Platz bin, stelle ich mich in den Hausflur. Und es prasselt die Flak, und die Splitter gehen 'runter: Tak-tak-tak-tak-tak!

Da flitzt so'n Luftschutzwart herum und sagt: „In den Keller! In den Keller!"

Es durfte bei Alarm ja keiner auf der Straße ein. Der

Luftschutzwart konnte dich anhalten und zwingen, in den Keller zu gehen. Das wollte ich aber auf keinen Fall, denn da konnten ja welche sein, die meinen Papieren nicht trauten oder sich sagten: Wie kommt's, daß ein so junger Mann noch nicht eingezogen ist?

Ich wollte mich solchen Kontrollen nur unterwerfen, wenn es absolut unumgänglich war. Und sagte deshalb dem Luftschutzwart: „Ich bin ja gleich da, bin ja schon fast zuhause."

Der aber hatte nun Schiß und verschwand im Keller. So! Der Luftschutzwart ist weg, und ich wurde gefangen von einer Überzeugung: „Du mußt jetzt über den Alexanderplatz - wenn das auch klickt und klackt, du mußt jetzt 'rüber. *Da* mußt du Deckung nehmen, wo kein Mensch mehr ist, nämlich unter dem Bahnviadukt!"

Ich faß' mir also ein Herz und renne über den Alexanderplatz.

Und wie ich den Viadukt erreicht habe, spüre ich einen Zwang in mir, auf dieses Haus zu gucken: Da geht eine Bombe 'runter, und alles ist im Arsch...

Am zwanzigsten Juli vierundvierzig saß ich auch

nachts im Tiergarten, gerade auf der Bank, wo dieser Wasserlauf ist, auf der nördlichen Seite. Und da sah ich sie, wie sie ausschwärmten und mit Taschenlampen herumleuchteten, auf der anderen Seite des Ufers.

Dieser Wasserlauf - es ist ja 'ne künstliche Anlage, schon über hundert Jahre alt, ich glaube, gleich nach Linné, da bin ich mir aber nicht ganz sicher - naja, das Wasser ist nicht breiter an dieser Stelle als das Lokal hier, etwa bis zur Wand.

Und die blitzten und leuchteten - sie dachten, sie hätten nun alles unter Kontrolle bis zum Landwehrkanal. Alles wurde sofort abgesperrt! Wär' ich in diese Sperre 'reingeraten und wär' über diese Brücke da gegangen (die ist heute noch da), dann wär' Feierabend gewesen, totaler.

Ich wollte mich da eigentlich nur 'nen Moment ausruhen, um dann - es kam auch noch ein Alarm - von da aus weiterzukommen bis zum Breitenbachplatz. Naja, dachte ich, gehst du jetzt über die Brücke oder -? Ach was, am Wasser ist ja die Bank, am Wasser ist es so schön. Und da ist der dicke, starke Baum, und wenn dann die Splitter 'runterkommen, dann kringelste dich um den Baum.

Aber es war tatsächlich dieses merkwürdig nervöse Moment: „Ach, gönnste dir jetzt die Pause oder gehste noch'n Takt weiter, also bis zur Budapester Straße -?" Ja, sonderbar...

Danach hab' ich dann durch Gertrud Classen (die war mit der ältesten Tochter des Generalobersten befreundet) die beiden Brüder von Hammerstein kennengelernt: Den Kunrat und den Ludwig. Die waren damals Oberleutnants im Oberkommando des Heeres und gehörten zu den Leuten, die das Attentat auf Hitler geplant hatten.

In der Bendlerstraße, wo die Dienstwohnung ihres Vaters war, kannten sie ein paar Tapententüren, die die anderen nicht kannten. Dadurch sind sie 'rausgekommen - sonst wären die auch in den Fluren erschossen worden. Dadurch konnten die verschwinden.

Den Ludwig von Hammerstein hab' ich zuerst besucht in der Oranienstraße, wo er bei einer Witwe, einer Drogistin, Unterschlupf gefunden hatte. Ich hab' ihm dann einen Wehrpaß gemacht, auf den Namen „Karl Ludwig Hegemann". Damit man seine Daten nicht so leicht kontrollieren konnte, habe ich ihn in Uruguay zur

Welt kommen lassen, hab' ihn zum Auslandsdeutschen gemacht.

Ende vierundvierzig passierte mir eine ungewöhnliche Geschichte.

Ich kam, nach einem Fliegeralarm, von Trökes und ging die Berliner Straße entlang. So zwischen dem Bayerischen Platz und der Ecke Martin-Luther-Straße kommt plötzlich vierzig Meter vor mir eine Dame aus 'nem Haus (Dame, Dame? Ihr müßt euch das mit der „Dame" in der Nazizeit so vorstellen: Das blonde *couleur* - eine Art Renate Müller, auf Entfernung).

Wie ich genau hingucke, da seh' ich, daß diese Dame doch ziemlich taumelt, wie benommen scheint. Ich erreiche ihre Höhe und merke, daß sie betrunken ist - ziemlich.

Ich muß zugeben, ich habe den ganzen Krieg hindurch, in der Zeit meiner Illegalität, im Zölibat gelebt. Ich wußte, würd' ich anders leben, wär' mir der Verrat sicher. Nicht der absichtliche. Dieser käme nicht aus Verschlagenheit, sondern aus der Schwäche, nicht die Schnauze halten zu können. Und zusätzlich aus der, mir unter allen Umständen behilflich sein zu wollen. Das Schlimmste, was einem passieren kann.

Heute würd's mir sicherlich nicht mehr spontan so gehen. Aber trotz der Wahnsinnsatmosphäre des Krieges, wenn man sie gerade für einen Takt überlebt hat und nicht weiß, was vor einem liegt: Man ist in einer seltsamen Weise ebenso vital wie hysterisch zu erotisieren.

Ich erlebte also (wir haben doch keine Zuhörer -?!) ein belebendes geiles Moment. Und was mir sonst in meiner Jugend, durch Erziehung und moralische Hemmnisse, nicht möglich gewesen wär': Die Situation einer betrunkenen Dame auszunutzen - in diesem Moment war das alles weg, war mir alles egal.

Ich fragte also: „Wie geht's mit Ihnen, kann ich Sie begleiten? Kann ich Sie nachhause bringen -?"

Na, selbstverständlich durft' ich sie begleiten. Sie schwankte ungeheuer, und ich hielt sie fest und sagte: „Ja, wissen Sie denn, wo -?" Und wir erreichten den Bayerischen Platz, das zweite Haus an der Ecke zur Berliner Straße. Dort will ich mich verabschieden, bin ein bißchen durcheinander, denke: Donnerwetter, so ein hübsches Weib...

Da sagt sie: „Nein, bleiben Sie doch noch! Trinken Sie einen Tee bei mir."

Wir gehen in dieses Haus, das befand sich im Stande des Luxus, da war noch alles erhalten. Wir gehen die Etagen 'rauf und in ihre Wohnung - ein Luxus, eine elegante Atmosphäre! Ich dachte dabei sofort an die Wohnung von Kaltenbrunner.

Es gibt heute Erfolgsleute, die ungeheuerliche Sachen machen, deren private Welt ist manchmal ganz diffizil kultiviert. Ebenso war es damals mit gewissen Nazis in hohen Positionen. Ganz erstaunlich - nach außen fürchterliche Sachen! Ich war nie in Kaltenbrunners Domizil in der Giesebrechtstraße, aber verschiedene Leute hatten mir gesagt, das sei ein ganz exquisites Haus.

Ich sitze nun in diesem Salon. Verdammt und zugelötet:. Auf dem Schreibtisch ein Bild von drei Offizieren! Ich gucke mir das so an. Und in einer Ecke des Salons liegt eine Art Hitler-Schäferhund, der guckt mich so an.

Dann kommt die Dame wieder, mit dem Tee. Ich bin ganz verwundert: Eben war sie doch noch besoffen, jetzt scheint sie wieder nüchtern? Das steigert schon den Reiz.

„Nun erzählen Sie doch mal! Was machen Sie denn? Und was halten Sie denn vom Krieg?"

„Ja, ich bin u.k. gestellt..."

Und ich lasse mich, in Anbetracht der Situation, in der ich mich befand, zu gewissen Frechheiten und leichten, lockeren Meinungsäußerungen hinreißen.

Sie mußte ja irgendwie Gefallen an mir gefunden haben. Da dacht' ich, kannst du doch ruhig mal was sagen: „Ich halt' von der ganzen Sache gar nichts mehr, der Krieg ist verloren, ich kann mir kaum vorstellen, daß wir ihn überleben werden."

Worauf die Dame noch mehr Haltung annimmt und sagt: „Also, ich bin eine höchst dekorierte Dame. Vom Führer! Wenn Sie mich hier nicht so artig begleitet hätten, dann müßt' ich Sie jetzt sofort verhaften lassen. Aber Sie können ruhig noch einen Tee mit mir trinken..."

Ich kriege eine Gänsehaut. Da ist der Hund, da das Telefon. Als sie draußen war, habe ich die Telefonleitung durchgeschnitten. Und als sie wiederkam mit dem Tee, trank ich meine Tasse und sagte: „Sie wissen es selbst: Das werden noch knapp fünfzehn Minuten sein, dann ist wieder Fliegeralarm. Darf ich jetzt gehen -?"

„Ja, das können Sie."

Ich verabschiedete mich. Und dachte nur: Also, telefonieren kann sie im Augenblick nicht mehr.

Ja - eine Sache, wo ich euch bitten möchte, daß wir nach außen darüber schweigen. Ich bin in dieser Zeit, in der wir jetzt zum *contempore* leben, doch bisweilen bedrückt über die Dinger, die sich die Leute ausdenken, die sich anarchistisch betätigen. Ich möchte keine Anregung zu uferloser Brutalität geben.

Ich hatte mir meinen belgischen Browning so zurechtgemacht und unter' m Arm montiert, daß, wenn irgend jemand gekommen wär' und gesagt: „Hände hoch!", dann hätt' ich sie nur noch um soviel mehr heben müssen, und das Ding wär' losgegangen.

Dieser belgische Browning, den ich von Trökes bekam, hatte ein Kaliber sechs komma fünfunddreißig. Die Geschosse, die da durchflitzten, hatten einen kleinen Nickelmantel. Das erschien mir nach einer gewissen Weile als zu wenig. Der kurze Lauf, die Ungenauigkeit - auf lange Strecke kann man sich damit schlecht jemand vom Leibe halten, wenn man auf der Flucht ist.

In diesem Laden an der Ecke bei Max - Pestalozzi-Ecke Schlüterstraße, wo heute der Mann mit den Eisenbahnen drin ist, die alle unverkäuflich sind - da gab es ein japanisches Restaurant. Schräg *vis-à-vis* war das Kino des Herrn Fouqué, wo ich als Vorführer gearbeitet hatte.

In dieses japanische Restaurant ging ich manchmal, um ein bißchen Reis zu essen. Den machten die mit etwas Öl und Gewürzen. Sowas konnt' ich mir ja alles nicht zubereiten, ich kam an diese Sachen nicht 'ran. Es wäre nur noch komplizierter geworden, wenn ich andere Leute bemüht hätte, irgendwelche Lebensmittel für mich zu tauschen.

Einmal war ich wieder in diesem Lokal. Und da sitzen an einem Tisch unsere Achsenbrüder: Japanische Offiziere, alle im Leutnantsrang - in feldgrauen Uniformen der Waffen-SS! Wird immer behauptet, sowas hat's nicht gegeben.

Ich saß am Nebentisch, und zwischen uns steht so'n altes Drahtgestell von Kleiderständer. Die Japaner, alle *legère*, hatten ihre Mäntel und ihre Koppel mit Kanonen da aufgehängt. Sie sprachen Japanisch, ich konnte kein Wort verstehen.

Ich sehe diese Kanonen hängen, sehe daß es alles ausgewachsene Kaliber sind. Mir kam der Gedanke: Mit deinem kleinen Browning kannst du dir, wenn die Landschaft kahl ist, kaum viel vom Leibe halten. Besorge dir doch so'n Püsterchen! Es war ein magnetischer Zwang: Da hängt es - die sitzen und essen Reis.

Als ich meine Portion erledigt hatte, nahm ich meine Siebensachen zusammen, lasse so'ne Kanone verschwinden, und weg. Ich konnte den Eindruck haben, die Herren sitzen noch eine Weile da...

Das war ein Monsterding: Neun Millimeter, Magazin gefüllt. Und neun Millimeter Blei, das klatscht erheblich! Vor allen Dingen so weittragend! Ich habe damit nie geschossen. Nun ging ich immer mit zwei Kanonen. Jetzt konnt' ich mir aber nicht mehr den Witz erlauben mit dieser fabelhaften Einrichtung: „Hände hoch!" - jetzt mußte das anders gehen.

Es war auch schon so, daß gegen Kriegsende bei den Leuten, die ganz erbärmlich untergebracht waren, die Nerven durchbrannten, und davon sind viele gefaßt worden. Sie hatten aber keine Möglichkeit, mich zu identifizieren. Und diejenigen, denen es besser ging, die besser untergebracht waren, die waren getarnt durch wohlsituierte Bürger. Da mußt' ich nicht unbedingt damit rechnen, daß es Überraschungen gibt.

Überraschungen kommen ja eigentlich nur dadurch zustande, daß die Leute Sicherheitsmaßnahmen trivialer Art treffen: Dinge verstecken unter der Gardinenstange oder der Schlüssel unter'm Abtreter. Als die

Russen kamen und mit Stangen in den Gärten stocher-
ten - die wußten immer ganz genau, wo jemand was
vergraben hatte.

Na ja, ich hatte nun die Vorstellung: Wenn's mal
brenzlig wird, kannst du dich nun über eine gewisse
Strecke halten. Man müßte ja eigentlich so eine Kanone kennenlernen. Aber ich verließ mich darauf, daß die
Japaner ihre Waffen gut pflegen...

Jetzt kommt es zu einer ziemlich wahnsinnigen An-
gelegenheit. Mein Vorsatz, sofort zu schießen, wenn mir
die Situation aussichtslos erscheint, wurde durch die
Umstände zunichte.

Es war ungefähr drei Monate vor Kriegsende, ich
war mal wieder auf dem Wege zu Fritze und Hede. Es
kam ein scheußlicher Angriff, der war etwas außer der
Regel. Ich mußte haltmachen und bin am Werderschen
Markt in einen Keller gegangen.

Hedes Laden in der Burgstraße war bereits ausgebombt. Die waren untergebracht in der Brüderstraße,
in dem alten Hof, der sich merkwürdigerweise über die
Kriegszeit noch gehalten hat. Hinten im Nikolai-Haus,
in der Werkstatt eines Buchbinders. Da wollt' ich hin,

es waren eigentlich nur noch dreißig Schritt zu laufen.

Aber ich war in einer ganz sonderbaren Verfassung und Abgespanntheit, ich wollte einen Moment ausruhen und ein dünnes Bier trinken. Ich geh' also da am Werderschen Markt in eine Kneipe.

Vorne an der Theke standen drei Leute in Monteuranzügen, verdreckt, und tranken auch Bier.

Ich wußte, daß häufig Leute, die untergetaucht waren und mal einen Bekannten besuchen, Kontakte aufrechterhalten wollten, sich zu tarnen pflegten mit solcher Verkleidung als „Technische Nothilfe". Wie ich da 'reinkam und diese Leute stehen sah - also, das war nicht das richtige.

Ich gehe deshalb weiter bis zum Ende der handtuchschmalen Lokalität und bitte um ein Bierchen. Das kommt, und ich esse mein Schrippchen, was ich mir mitgebracht hatte. Mein Koffer mit Bütterkens liegt vor mir auf dem Tisch - keine versteckten Geschichten! Da höre ich, wie ein Wagen vorfährt und erkenne sofort ein Polizeiauto.

Nun wär' nichts dümmer gewesen als jetzt 'rauszuflitzen. Ich überlege: Was ist, wenn die jetzt kontrollieren, nach Deserteuren oder so - wie kommst du dann 'raus? Ich hatte ja meine Kanone nicht mehr in der alten Weise montiert. Na, du wirst sehen.

Prompt kommen drei Zivilisten 'rein. Und die drei, die an der Theke standen, die setzen gerade an zu gehen.

Da bleibt einer von den Neuen in der Tür stehen und sagt: „Sie bleiben jetzt bitte!" Und die anderen beiden kommen direkt zu mir und sagen: „Kommen Sie mit, wir haben eine Razzia."

Und setzen noch hinzu: „Sie haben doch Zeit?"

Ich sage: „Ja, eigentlich hab' ich die nicht. Ich kann Ihnen meine Papiere zeigen."

„Nein, tut uns leid. Es ist allgemeine Überprüfung, Sie kommen jetzt alle mit."

Aus -! Ich schieße nicht. Ich habe aber beide Waffen und dazu mein gelbes Köfferchen, noch voller Butter.

Jetzt führen die mich 'raus. Ich steige in die dunkle „Minna" ein und denke, ich seh' nicht richtig. Die haben das Gefährt schon voll. Vier in Zivil, zwei Soldaten in Uniform. Keiner sagt einen Ton. Ich quetsch' mich da auch noch rein.

Die Fahrt ist kurz. Wir halten im Hof des Polizeipräsidiums in der Dircksenstraße, am Alexanderplatz. Da stehen Soldaten mit Maschinengewehren, da steht Polizei.

Wir werden alle in einen Keller hineingeführt von einer Größe, wie wenn wir hier von diesem Raum ein Drittel abschneiden und uns da eine Eisentür vorstellen. Und dieser Raum war nun gerangelt voll - ich würde sagen, da waren hundert Leute drin. Die hatten die alle in rasendem Tempo irgendwo aufgegabelt.

Als sie mich aufgriffen, das muß so um zwölf, halb eins gewesen sein. Wir standen da alle ohne Information, was mit uns würde, es wurde auch kaum geredet. Es war die Atmosphäre von hundert Leuten, die wissen, nun ist Feierabend.

Wir haben sehs Stunden so gestanden. Wenn einer mal unbedingt zur Toilette wollte, dann kamen zwei Polizisten, führten den hin und brachten ihn wieder zurück.

Nach sechs Stunden kommen zwei Kerle, ein dritter noch dabei, mit zwei Waschkörben. Nicht Eimern, Blechkisten - originalen Waschkörben! Und einer von denen hält eine Rede und sagt: „Machen Sie uns jetzt keine Schwierigkeiten. Jeder, der eine Waffe hat, legt sie in diesen Waschkorb. Und Ihre Papiere legen Sie in den anderen Korb."

Nun drängt sich jeder durch bis zu diesen Dingern. Was für Püstlinge da zum Vorschein kamen! Alle legten ihre Waffen da 'rein - manche hatten keine - und die Papiere in den anderen Waschkorb. Ich lange also meine beiden Kanonen 'raus.

„Oho!", sagt der eine, „- ohoooh!!"

Schließlich war der eine Korb bis oben hin mit Waffen gefüllt und der andere mit Papieren. Manche Leute wurden dabei unruhig: „Meine Papiere - wie wollen Sie die denn wiederfinden?!

„Beruhigen Sie sich, geht schon alles in Ordnung." Dann verschwanden die drei mit den Körben.

Nach drei Stunden fing das an mit dem Aufrufen. Was mich dabei verwunderte, war, daß alles sehr schnell ging. Es war wahnwitzig gut organisiert.

Und welche schlauen Leute sie sich für diese Sache engagiert hatten! Unter denen muß ein Gedächtniskünstler gewesen sein, früher vielleicht mal ein großer Mann im Variété. Der stand dabei, als das ganze Zeug abgegeben wurde und merkte sich mit einem Blick: Das gehört zu *dem*, das gehört zu *dem*, das gehört zu *dem*. Monströs!

Nach nicht allzu langer Zeit, die Hälfte der Leute standen noch da, wurde ich aufgerufen. Die führten mich im Keller durch einen langen Gang in einen Raum. Den Koffer mit der Butter hatt' ich noch in der Hand.

Ich denke, ich seh' nicht richtig - da liegen genau meine beiden Kanonen und meine Papiere vor dem Vernehmungsbeamten auf dem Schreibtisch. Der blättert so drin herum. Da drin steckten noch für zwei Pfund Buttermarken. Und mein Koffer war voller Butterpäckchen.

Im Augenblick war mir aber noch nicht nach dem letzten Stündlein. Ich dachte: Das ist so ungeheuer organisiert, nun werden wir sehen, was kommt. Mir schoß auch durch den Kopf: Nach den starken Bombenangriffen haben sie vielleicht nicht ausreichende Telefonverbindungen. Vielleicht halten meine Papiere stand. Nun kommt's drauf an, du mußt denen was erzählen.

Der fängt an, mich zu fragen: „Sie arbeiten also als wissenschaftlicher Zeichner, im Botanischen Institut und für die Veterinärmedizin. Und Sie halten sich für kriegswichtig -?!"

„Wissen Sie, ich tue meine Pflicht. Ob ich kriegswichtig bin oder nicht, kann ich nicht beurteilen. Ich bin kein Wissenschaftler, nur wissenschaftlicher Zeichner. Ich kann nur sagen, wie mir die Wichtigkeit dieser Arbeit dargestellt und erklärt wurde."

Da unterbricht er mich: „Das brauchen Sie uns nicht zu erzählen. Was kriegswichtig ist, wissen wir selber." Wieder schwankt die Sache so. Er sagt dann: „Was haben Sie da in Ihrem Koffer?"

Ich mache den Koffer auf: „Butter."

„Ach -! Und hier haben Sie noch Marken?"

Jetzt tische ich ihm meine Geschichte auf und sage: „Im Botanischen Institut sind soundsoviel Fremdarbeiter. Da ist schon allerlei passiert —"

(ich wußte vom Hörensagen, daß etliche Eintreiber von den Fremdarbeitern mal umgelegt worden seien) „- und ich habe mir diese Waffen zugelegt, weil ich weniger Angst vor den Bomben habe als davor, dort mal eins über den Kopf zu bekommen."

„Gut. Dann zeigen Sie Ihre Erlaubnis, Waffen tragen zu dürfen."

„Diese Erlaubnis habe ich nicht. Meine Position ist nicht so, daß ich mit solcher Erlaubnis ohne weiteres hätte rechnen können. Aber wenn ich Nacht- oder Luftschutzdienst mache, bin ich manchmal ganz allein.

Da muß ich dann die Runde machen. Und was die Butter angeht: Es ist unter uns Kollegen abgesprochen, daß jeder abwechselnd den Einkauf macht."

Jetzt passiert das Verrückteste, was man sich vorstellen kann. Er sagt: „Wissen Sie, solche Eigenmächtigkeiten können wir nicht dulden. Wir verstehen aber Ihre Situation..."

Schiebt mir beide Waffen über den Tisch, klappt den Butterkoffer zu, gibt mir Papiere und Marken wieder: „Sie haben von uns den Befehl, sich sofort an Ihren Standort zurückzubegeben. Den Antrag für die Erlaubnis müssen Sie sofort stellen, wir prüfen das nach."

Mit zwei Waffen dürfte ich nicht herumlaufen. Aber weil die numeriert wären, bekäme ich sie zurück, sonst kriegte ich womöglich Theater...

Ich denke, es spukt. Natürlich konnten sie meine Geschichte telefonisch nicht überprüfen. Aber die war so, daß sie sich mit ihren Informationen deckte. Jedenfalls mußte ich mit meinem Salat den Eindruck der absoluten Legalität gemacht haben.

Die ganzen Jahre der Illegalität hindurch bin ich nicht aus Berlin herausgekommen, außer dem einen Mal im

Februar neunzehnhundertfünfundvierzig. Das kam dadurch, daß mir Leute sagten: In Leipzig, da ist ein Jude, der ist zwar gut versteckt, kann sich aber dort unmöglich noch länger halten. Er muß unbedingt nach Berlin. Die Großstadt ist für ihn die einzige Möglichkeit, um auf Dauer untertauchen zu können. Er bedarf nur der Papiere.

Auf diese Sache sprachen mich drei unterschiedliche Leute, die ich hier mit Butter versorgte, am gleichen Tag an.

Was mich damals sehr überraschte und bedrückte war, daß sie sich untereinander kannten und über zwei Jahre mir diese Bekanntschaft verbergen konnten. Das lag schließlich auch daran, daß ich mit den Leuten, wenn ich sie besuchte, nie ein überflüssiges Wort sprach.

Aber nun kriegte ich so 'nen kleinen Angstschauer - weil ich doch geglaubt hatte, mich immer geistesgegenwärtig und außerordentlich beobachtend verhalten zu haben.

Nun, sie machten die Sache sehr dringend und unterbreiteten mir, alle drei, den gleichen Vorschlag: Ob ich nicht für Papiere sorgen könnte? Die müßten so beschaffen sein, daß er sich damit wenigstens vierzehn

Tage in Berlin aufhalten könne. Sie hätten den Mittels-
mann, der die Papiere nach Leipzig brächte und den
Mann nach Berlin holen würde.

Na, *so* wollt' ich das auf keinen Fall. Ich sagte:
„Macht mir genaue Angaben, und ich mache selbst die
Reise nach Leipzig."

Mir war dabei sehr bammelig zumute, das gehörte
zu den wenigen Risiken, die ich da eingegangen bin.
Aber es war mir ein Bedürfnis, mich mal auf die Bahn
zu setzen - wenn's auch wahnsinnig ist, 'raus aus der
Stadt! Vielleicht gelingt's ja.

Wie konnte ich mich tarnen? Ich hatte ein Arbeitsbuch als Organist, damit hätte ich mich jederzeit an eine
Orgel setzen können. Dazu fertigte ich mir Nachweise
an, daß ich eine Ausbildung als Mechaniker habe und
daß ich Tbc-krank bin, also aus zweierlei Gründen u.k.
gestellt. Und dann die notwendigen Papiere, womit man
jemand nach Berlin holen konnte.

In diesen Sachen war ich routiniert, das ließ sich
machen. Ich bat meinen Freund Bardewyck, mich zu
informieren, wann die Thomaskirche in Leipzig zu besichtigen sei. Da gab's immer eine kurze Strecke in der
Woche, so 'ne Stunde, wo man sich die ansehen konnte.

Diese Information bekam ich und ließ durch die Leute, denen ich die Butter brachte, sagen: „Also - mehr Abrede gibt es nicht, ich verlasse mich auf meinen Nerv - dann und dann zur Besichtigungszeit werden vor der Thomaskirche ein paar Leute stehen und warten, daß ihnen aufgeschlossen wird. Ich vereinbare keine Zeichen, sondern werde spüren, wer unter diesen der Betreffende ist."

Somnambul! Auf dieses Bild lege ich Wert, denn ohne die Fähigkeit, die Nerven hängen zu lassen und die Dinge auf mich wirken zu lassen, wär' ich nicht durchgekommen.

Eine Nervenkraft, die ich heute nicht mehr habe, die abgebraucht ist, die mit wohl eine Eigenschaft ist, die ein guter Spieler haben muß - ich erkläre mir damit heute meine Abneigung gegen jedes Spiel.

Ja. Meine Papiere waren insofern sicher: Hätte man uns da vor der Thomaskirche aufgefordert: „Zeigen Sie mal Ihre Papiere!", da hätten die gesehen: Aha - Organist. Damit läuft man durch. Also auf gut Glück, wir werden uns finden.

Wir fanden uns denn auch. Es waren drei Leute, die die Kirche besichtigen wollten - drei. Ein Mensch, den ich nicht kannte, der, den ich sofort abfühlte, und ich.

Wir ließen uns da durchführen, setzten uns beide noch kurz in ein Café und ich reichte ihm die Papiere 'rüber. Es war alles klar.

„Und jetzt kaufen wir die Karten und steigen in den Zug und fahr'n nach Berlin. Jeder in einem anderen Abteil. Wir kommen an am Anhalter Bahnhof. Da steigen wir um nach Friedrichstraße. Von da fahr'n wir bis Spandau-West. Und dort sag' ich Ihnen dann, wo Sie sich hinzuwenden haben. Aber erst außerhalb des Bahnsteigs! Solange nehmen wir keine Notiz voneinander. Wenn wir Pech haben, wenn's mulmig wird, müssen Sie sehen, wie Sie in Berlin durchkommen."

Nun, das funktionierte alles. Aber es endete in einer Clowneske.

Wir kamen an am Bahnhof Spandau-West. Es war vorher vereinbart, ein bißchen zu warten, bis alle ausgestiegen waren. Und daß ich den „Führerwagen" nehme, also vorn, wo der Zugbegleiter sitzt. Damals hatten sie noch den Zugbegleiter, der immer draußen stand und dann mit der Kelle das Abfahrtssignal gab. Aber was passiert?

Vor dem zweiten Wagen hinter mir stehen „Kettenhunde". Die vom Sicherheitsdienst, mit der Affen-schaukel! Zwei Mann. Und der eine, seh' ich, flitzt durch den stehenden Zug. Der andere steht draußen, und ich latsch' auf den zu. Der kommt auch auf mich zu. Ich steige noch mal kurz ein, als hätt' ich was vergessen.

Nun bin ich aber ganz vorn, neben dem Zugführer. Draußen steht der mit der Kelle, hebt sie aber noch nicht hoch. Und der vom Sicherheitsdienst linst durch die Scheiben nach mir und denkt: Hä - da ist was unsicher!

In diesem Moment kommt in mir der Drang, so ganz verrückt - ich denke intensiv: „Abfahrt!" Und spreche das auch.

Woraufhin der mit der Kelle ein verblüfftes Gesicht macht, der Zugführer aber glaubt, das sei von seinem Kollegen gesprochen. Der Zug fährt also an, der Zug-begleiter hopst gerade noch 'rein, ich mache einen Satz nach draußen, und die beiden Kettenhunde werden ab-transportiert...

Diese Clowneske! Das war ein Moment, der hätte schiefgehen können. Eine Verfolgung wie im amerika-nischen Kintopp! Die konnten nicht gleich die Notbrem-se ziehen, fuhren also mit, bis der Zug nach ein paar hundert Metern Halt machte. Und müssen über die Geleise wieder zurückgekommen sein.

Den Juden hab' ich nicht wiedergetroffen. Ich hörte aber nach dem Krieg, daß er durchgekommen ist.

Mitte April wollt' ich noch mal die Ilse Vogel in der Meinekestraße besuchen und auch den Dr. Rosenstein, den technischen Chef von Philips.

Dr. Rosenstein war Holländer, von seiner Frau geschieden, hatte verschiedene Kinder. Er war erst technischer Chef bei Philips in Holland und kam dann zweiundvierzig' rüber nach Deutschland. Ich lernte ihn durch Ilse so Ende dreiundvierzig kennen. Ein excellenter Ingenieur, wohl großartig sprachbegabt und sehr wendig und anpassungsfähig.

Er hatte eine Erfindung gemacht, die die Luftwaffe gut hätte verwenden können für ihre Bomberpulks nach London, damit die nicht abgeschossen wurden. Dr. Rosenstein's Erfindung war, Konfetti vom Himmel fallen zu lassen, damit das Radar abgelenkt wurde. Aber die deutschen Luftwaffenexperten waren solche Idioten, daß sie eine physikalisch so einfach funktionierende Sache nicht einsahen und das nicht machten. Wohingegen die Alliierten es taten.

Immer, wenn er ein bißchen frei war, dann setzte

sich Dr. Rosenstein auf sein Fahrrad. Mit einem kleinen Ofen drauf! Und er war auch der erste, der diese kleinen Radioapparate konstruierte und war, radelnd bis Rahnsdorf zu seinem Wassergrundstück, immer informiert, was sich so eigentlich abspielte. Dazu lernte er noch - auf dem Fahrrad! - Russisch.

Dem bracht' ich auch etwas Butter, und wir trafen uns dann immer bei der Ilse. Am fünfzehnten April kam Dr. Rosenstein mit dem Rad aus Rahnsdorf zurück in die Meinekestraße und sagte uns, daß die Panzerspitzen der Russen bereits im Rahnsdorfer Wald kutschierten. Die Artillerie allerdings, die setzte gerade über die Oder.

Das war 'ne interessante Information, und ich versuchte nun zu hören: Wie geht das mit dem „Wumm-wumm" - komm' ich noch mal bis zur Dillenburger oder zu Trökes? Das war dann schon zu weit, ich blieb deshalb in der Meinekestraße.

Die russische Artillerie, die eine Feuerglocke über Berlin stülpte, machte in der Nacht immer präzis eine Stunde Pause, und dann setzte sie präzis wieder ein. Die russischen Tiefflüge hörten ab dem fünfundzwanzigsten April auf.

Die hatten solche fabelhafte Bomben, brisant beim

Aufschlag und mit ganz starker Splitterung, die rissen den Leuten die Beene weg! Die ließen sie sehr gern fallen da, wo man anstehen mußte.

In den letzten Tagen wurde alles an Lebensmitteln freigegeben. Dann standen die Leute an, und dann kam so'ne Nähmaschine und warf da ihre Bomben 'rein.

Als die Feuerglocke über Berlin lag, hatten Ilse und ich noch mal die Idee: Wollen wir den wahnsinnigen Versuch machen, über die Uhlandstraße hinauszukommen bis zur Mecklenburgischen? Denn wir hörten, am Roseneck ständen schon die Russen, und die wären bereits über den Breitenbachplatz hinaus. Wenn wir durchkommen, werden die uns sicher als Zivilisten ansehen.

Wir kamen genau bis zur Güntzel- Ecke Uhlandstraße. Da waren die Maschinengewehrgefechte so dicht, daß wir wieder zurückflitzten in Ilses Parterrewohnung in der Meinekestraße. Das muß so gewesen sein zwischen dem dreiundzwanzigsten und fünfundzwanzigsten April.

Es war hörbar, daß der Kessel immer enger wurde. Und auch sichtbar, denn wir gingen manchmal in einer Feuerpause auf's Dach, mitten in der Nacht, und guckten durch so 'ne Luke. Dabei hatten wir den Eindruck, daß nichts mehr von Berlin existierte. Es brannte allerorten.

Eine gräßliche Geschichte gibt's.

Es war am ersten Mai neunzehnhunderfünfundvierzig. Bis zum zweiten Mai wurde noch gekämpft in der Strecke von der Corneliusbrücke, Budapester Straße, bis zur Uhlandstraße. Da stand noch SS in der Meinekestraße, und die Russen kamen vom Kurfürstendamm her. Dann wurden sie wieder zurückgedrängt, und die SS kam die Meinekestraße 'rauf.

Im zweiten Hofeingang von Ilses Haus hatten die Panzergrenadiere etliche Tonnen Sprit gestapelt. Da ging eine russische Panzerfaust 'rein und jetzt brannte alles hoch. Wir waren im Keller, und über uns brannte alles ab. Das Haus brach langsam zusammen.

Ilse zog ihre Zyankali-Kapseln 'raus und sagte: „Hier kommen wir nicht weg. Eh' das über uns einstürzt, machen wir's lieber."

Ich sagte: „Ilse, das lassen wir. Leben wir ein bißchen länger."

Na ja, nun fiel das Haus langsam zusammen. Ich

versuchte, die Leute zu beruhigen: „Soll es doch stürzen! Der Keller wird auf jeden Fall halten." Aber die Beunruhigung war kolossal. Verschiedene wollten 'raus.

Es war ein Mann im Keller, zu schätzen so um die fünfzig. Ein widerwärtiger Nazi und Einpeitscher. Der saß im Rollstuhl, und den mußten wir ständig woandershin schieben. Der machte nun den Vorschlag: Alle sollten sich weiße Armbinden umtun. Die würden schon die Schießerei einstellen, wenn wir durch das Kellerfenster auf die Straße stiegen.

Ich war dagegen und sagte: „Sobald hier jemand 'raussteigt, kriegt der sofort Zunder von beiden Seiten!" Denn die schossen ja aufeinander. Die hätten dann zugleich den Kampf einstellen müssen, und das lag nicht in der Luft.

Aber dieser Kerl kommandierte und sagte zu einer Frau: „So, Sie nehmen jetzt Ihr Kleinkind auf den Arm und gehen 'raus!"

Die Frau kam gerade soweit 'raus, daß der Hintern noch drin war - da patschte das schon, und da waren sie und ihr Kind tot. Wir haben sie dann an den Beinen zurückgezogen. Und dieser Wahnsinnskerl blieb weiter dabei: Das sei eben noch nicht deutlich genug gewesen. Wir müßten eine weiße Fahne nehmen und sie werden das Feuer einstellen. Wir können hier nicht verrecken, wir müssen raus! So...

Unter den Leuten im Keller war ein junger Franzose, der hier arbeitsverpflichtet war und den ganzen Wahnsinn spürte, auf die Befreiung hoffte. Der und ich, wir haben diesem Nazi eingeredet: Da hinten wär' noch eine Tür offen. Wohin sie führt, das wollten wir jetzt mal ausprobieren. Er sollte mal mitkommen, die Sache überschauen.

Wir nahmen den also mit. Aber diese Tür, die schon heiß war - dahinter gab es nichts mehr, da brannte es schon.

Die machten wir auf, und weg mit dem Stuhl.

So. Da war einer weniger da. So -!

Danach gab es eine Feuerpause. Und dann sind wir natürlich alle aus dem Keller 'rausgekommen.

Ich muß euch sagen, daß ich in dieser Sache bis auf den heutigen Tag kein schlechtes Gewissen habe. Es verfolgt mich nur bisweilen. Ich denke: „Ja - gab's noch 'ne andere Möglichkeit?"

Es gab keine andere Möglichkeit. Es gab sie wirklich nicht. Denn dieser Mensch machte die ganze Sache hysterisch. Und wir hatten ja schon dieses sinnlose Opfer. Alle Leute im Keller, der Dr. Simon (der lebt ja noch), die wunderten sich nachher: „Wo ist denn -?!"

Ich habe ihnen niemals erzählt, daß wir das waren. Der Franzose auch nicht. Wir haben uns ja später verloren. Aber alle merkten, daß da plötzlich ein Mann weniger war.

Der Kampf ging dann noch hin und her. Mal ist die SS wieder bis zur Hälfte der Meinekestraße - also zwischen Lietzenburger und Kurfürstendamm - vorgedrungen, mal wieder die Russen.

Vom Kurfürstendamm kam noch mal ein Stoßtrupp der SS mit der Panzerfaust. Der erreichte gerade noch unseren Hausflur in der Meinekestraße. Und zwar in dem Augenblick, als von der Lietzenburger Straße aus russische Soldaten in die Meinekestraße und in unseren Hof kamen, in den Keller, und mit der Kanone dastanden: „So - nun kommt mal 'raus!"

Ilse und ich, wir sehen, wie die SS im Hausflur eine Panzerfaust fertigmacht, während da die beiden Russen stehen und die Leute herauskommen. Die SS läßt das Ding los, wir nehmen Deckung. Bums! - in die Wand gesaust...

Wir gucken wieder 'raus: Keine zwei Russen da. Die sind über's Dach hinausgeflogen! Spuk - nicht zu erklären. Den Leuten im Keller ist nichts passiert.

Ich konnt' es mir nicht erklären, obwohl ich die Konstruktion der Panzerfaust kannte.

Als es dann zuende war, fühlte ich mich erlöst und befand mich im Zustand euphorischen Wahnsinns. In der Meinekestraße gab's so'n Archiv von der Reichsfilmkammer. Als dieser Quatsch abbrannte, haben wir im Keller gestanden und durch so ein Loch gesehen: Der Adler da an der Wand - mir kamen die Tränen - das ist vorbei!

Ilse und ich, wir haben nach der Kapitulation noch zwei Wochen im Keller gelebt. Wir hatten einfach die Vorstellung: Es gibt vorläufig kein Weiter, wir bleiben jetzt erst mal im Keller. Dazu war Ausgangssperre, nach fünfzehn Uhr durfte kein Mensch mehr auf der Straße sein. Später wurde die bis siebzehn Uhr verlängert und nach und nach gelockert.

Einmal nur haben wir Trökes besucht, sind dann wieder in unseren Keller gegangen. Man hörte kaum noch Schüsse. Nur überall da, wo die Russen eine Waffe fanden oder ein Führerbild: Dann zündeten sie das Haus an. Es ist dabei noch sehr viel kaputt gegangen.

Uns schien alles so unsicher und unübersichtlich, daß wir, die paar Menschen, die übriggeblieben waren, uns sagten: Wir bleiben erst mal zusammen und gukken, ob sich was einrichten läßt. Ob man vielleicht zusammen kochen kann. Denn es gab ja auch kein Wasser, nur eine Wasserstelle in dem Krankenhaus an der Joachimsthaler Straße. Das war wichtig für uns. Und daß die Russen mal ein bißchen Brot brachten. Da dachte man: Na, hier kann man wenigstens noch leben...

Als am dritten Mai nun das Feuer eingestellt war, ging ich mal von der Meinekestraße durch die Höfe zur Fasanenstraße. Ich kam da raus, wo jetzt, unweit der Lietzenburger Straße, die Antiquitätenläden sind. Ich hatte eine weiße Binde am Arm, zum Zeichen, daß ich Zivilist bin.

Da steht ein Russe mit der Kanone und hebt langsam die Kanone auf mich. Und winkt: „Komm mal 'rüber!"

So. Ich gehe aus meinem Hausflur heraus auf den Bürgersteig und sehe, wie von der Lietzenburger ein paar andere Russen kommen, darunter ein riesiger, so ein Monsterkosak. Die winken mir zu. Ich gehe ihnen entgegen, während der andere seine Kanone so mitschwenkt. Und die sagen: „Du deutscher Soldat - du kommen mit!"

Ja, also: „Ich nicht Soldat!"

Na, der Riesenkosak führt uns wieder zurück, in die Lietzenburger 'rein, in Richtung Schaperstraße. Und jetzt gehen die, obwohl nicht mehr geschossen wurde, immer an den Wänden lang. Der Kosak vorn, der andere hält die Kanone, und ich muß im Abstand dazwischen gehen. Bis zur Joachimsthaler Straße.

Da kauert ein deutscher Soldat, völlig zusammengebrochen - das Bild ist schwer zu beschreiben - wie ein Wahnsinniger. Der hockt da. Den reißen die hoch, schubsen ihn an meine Seite. Und jetzt wird da tatsächlich noch geschossen!

Die beiden Russen ducken sich, der mit der Kanone schießt 'rüber, in die Schaperstraße. Und ich habe das Gefühl: „Scheißdreck!" Ich renne 'rüber, die beiden Russen auch. Der Deutsche, gelähmt, bleibt stehen.

Jetzt sind wir drüben in Deckung, da richtet der Muschkot noch mal seine Kanone auf den und sagt: „Los, komm -!" Aber der wird verrückt und fängt an zu taumeln. Und wie er auf der Mitte der Straße ist, wird er getroffen und ist tot.

Wir gehen weiter, auf der linken Seite der Schaperstraße. Das zweite Haus da, mit hohem Tor, da hatten die Russen ihren Kommandostab.

Dort werde ich 'reingeführt. Die gutturalen Stimmen der Russen... ein unerhörter Betrieb! Dann ein hochgewachsener, ganz freundlich aussehender Offizier (ich hielt ihn für einen Juden) mit der Polit-Mütze, der mit dem grünen Rand.

Der spricht fabelhaft Deutsch: Ob ich deutscher Soldat sei -?

Ich sage: „Nein, das bin ich nicht. Ich bin Deserteur."

Er guckt sich meine Papiere an.

Ich sage: „Die sind alle gefälscht!"

Ich muß weiter warten. Die Russen gucken immer so, lachen, grinsen, telefonieren. Ich denke, du fragst den mal: „Hier in der Nähe, Burggrafenstraße Ecke Budapester Platz, wohnt ein Freund von mir, der Hans W. Kann ich da mal hin? Ist da was passiert? Der ist nämlich illegal, ist Jude."

Der Mensch ist freundlich, sagt mir: „Ach, da ist

schon alles vorbei. Nein, es ist auch nichts passiert."

W. ist, wie ich später erfuhr, zwei Tage nach der offiziellen Kapitulation draufgegangen. Ich konnt' ihm den ganzen Krieg durch helfen. Der war im Keller, oben brannte es, und da muß so'n wahnsinniger Mensch befohlen haben: „Der Jüngste muß 'rauf, löschen!" Hans ging 'rauf und warf vor dem Feuer einen Schlagschatten an die große Wand. Es war noch SS da, die sahen das und warfen eine Handgranate. Die Splitter haben ihm Milz und Leber zerrissen, und so ist er draufgegangen.

Ich schätze, ich saß noch fast eine Stunde in diesem Kommandostab und dachte, ich werde in Gefangenschaft kommen oder sonstwohin. Da kommt der Offizier wieder zu mir, gibt mir die Papiere zurück und sagt: „In Ordnung. Sie werden jetzt erzählen können, was alles mit Ihnen war. Gehen Sie wieder dahin, wo Sie hergekommen sind."

Wie ich dann zurückgehe in die Meinekestraße, kommen mir von der Bundesalle gefangene deutsche Soldaten und ein paar Zivilisten entgegen, von Russen geführt. Noch heute hab' ich nicht begriffen, warum die nicht zu mir gesagt haben: „Komm mal her - du bist gefangen!"

Als ich dann in der Meinekestraße ankam, waren dort inzwischen (Zufall, daß ich mal Luft holen wollte und zu diesem russischen Gefechtsstand geführt wurde!) alle Männer abgeholt worden. Auch der junge Franzose. Mit Ausnahme des Dr. Simon, der hatte auch gerade mal einen Abstecher gemacht in das Nebenhaus.

Mein Drang nach Luft... Der kam auch daher, daß ich's im Keller nicht mehr aushielt, weil die Leute auf den Koksresten immer ihre Notdurft machten. Es war alles verschissen und verpißt, es war grauenvoll. Und dann wurde es in diesen Maitagen warm!

Also, es war schauerlich. Ich konnte nie öffentlich scheißen, da hab' ich noch heute Schwierigkeiten. Als mal im Krankenhaus der Arzt vor der Operation mir den Gummifinger in den Arsch stecken wollte, da hatt' ich plötzlich eine peinliche Hemmung, es war unmöglich. Ich versicherte ihm, ich habe nichts am Darm.

In der Meinekestraße war's ähnlich. Im Keller ging nichts mehr, also dacht' ich, gehst du mal 'raus in den Hof. Wir hatten ja immer noch Ausgangssperre, aber es war schon Abenddämmerung. Ich geh' auf den Hof und mach' es mir gerade kommod, gucke so hoch - da, im dritten Stock ein Russe mit 'ner Kanone: „Zurück, zurück!!"

Na, ich die Hose hoch und lauf' wieder zurück. Das gehört alles zum Krieg.

Als ich das nächste Mal Trökes besuchte, macht' ich am Viktoria-Luise-Platz halt. Die Russen sorgten gleich wieder für Kultur und Unterhaltung und hatten dort am Platz große Lautsprecher aufgehängt. Ich setzte mich zwischen die nostalgischen Steinfiguren und hörte plötzlich Mozarts Es-Dur-Symphonie über 'ne Platte...

Ilse hatte eine Bekanntschaft mit Bäckersleuten in der Windscheidtstraße. Sie machte dann, bei Trökes, den Vorschlag, wir sollten da hingehen, um etwas Brot zu bekommen. Ich sagte: „Ich habe gar keine Lust, irgendwelche Leute kennenzulernen, auch wenn du Brot tauschst."

Bei mir setzte ja was Sonderbares ein: Ich habe nach der Kapitulation zwei Monate lang von nichts anderem gelebt als von Süßstoff und zwei kleinen Tüten mit Puddingersatz. Einmal habe ich Brot gegessen und so'n Stück Schinken, was ich von den Russen bekam, die das aus dem Panzer holten. Das wurde gleich verteilt, im Keller. Sonst habe ich zwei Monate nichts anderes gegessen als Süßstoff und dieses Zeug. Kein Hungergefühl - es war ein ganz anomaler Zustand.

Ich sagte also: „Ilse, ich kann nicht mehr in einem Raum sein, ich will auch keine Leute kennenlernen. Laß' mich hier die Straße auf und ab gehen. Ich warte, bis du kommst." Und ich gucke so in die Luft hinein.

Da kommt ein russischer LKW mit russischen Soldaten. Der läßt die Klappen 'runterfallen. Und die in Trauben so - plautz! - auf die Straße, mit ihren Kanonen.

Auf einmal löst sich ein Schuß! Einer blieb hängen mit seinem Gurt und erschoß sich dabei selber. Ein Unfall.

Jetzt schwärmten die Russen aus, sperren die Straße ab. Sie treiben alle Männer zusammen - mich hatten sie auch - und nun weiter in die Schloßstraße, hinten in einen Hof. Wir mußten uns da an die Wand stellen. Dann kamen welche mit dem Maschinengewehr.

Die Russen wußten, daß kein Deutscher auf sie geschossen hatte. Aber sie hatten die Vorstellung: Das ist der Scheißkrieg, alles ist vorbei, und daß da noch einer unserer Kameraden draufgehen muß - Wahnsinn! Dafür nehmen wir ein paar Geiseln.

Ich stand am rechten Flügel, in meiner merkwürdigen Verkleidung, dem SA-Mantel und dem grünen

Velourhut, das sah im Kriege immer aus nach einem Nazi, der u.k.-gestellt war. Und zwei Russen gehen so durch die Reihen, sehen sich die Leute an...gucken mich so an, schieben mir den Hut aus dem Gesicht.

Der Hut hatte 'ne Bedeutung! Für die Russen war ich eine unglaublich komische Erscheinung. Einmal, als der Panzer in der Lietzenburger Straße stand und die mich heranwinkten...alle standen um mich herum und lachten, schoben mir auch den Hut aus dem Gesicht: „Du deutscher Soldat!" (Immer dasselbe!) „Nee, bin ich nicht!"

Sie holen mich hinter den Panzer. Ich denke: Jetzt sperr'n sie dich in den Panzer ein und fahren dich sonstwohin. Nee - da wühlt der eine herum und holt *so* ein Stück Schinken und *soo* einen Laib Brot und drückt mir das in die Hand. Und ich gehe zurück damit in den Keller, der Dr. Simon teilt das, und alle hatten was zu fressen und glaubten, mit den Russen könne man leben.

Die beiden Russen in der Schloßstraße guckten mich auch an, lachten schallend, kamen dann noch mal zurück und sagten: „Du geh -!"

Ich bin gegangen. Als wir eine Woche später wieder

zu dem Bäcker gingen, hörte ich dann: Die anderen sind alle erschossen worden.

Ilse Vogel suchte sich, weil die ihre ja abgebrannt war, eine Wohnung in der Düsseldorfer Straße. Die Wohnungssuche war damals eine merkwürdige Sache: Man setzte sich in eine unbewohnte Wohnung 'rein und sagte: „Das ist jetzt meine." Wo noch Bücher drin waren und sonstwas!

Sie sprach da gerade mit ein paar Leuten und fragte, ob die eine Wohnung leerstünde - ja? Na gut, dann werde ich hier 'reinziehen.

Ich ging mit, sah mir ein bißchen die Räume an und wollte jetzt auch gehen. Auf einmal zerren ein paar Russen eine Frau von der Straße aus auf die Treppe. Die Frau schreit fürchterlich und ruft noch was...sie muß Kinder gehabt haben.

Diese Russen werden immer wilder. Am Ende der Treppe werfen sie die Frau hin, reißen ihr die Beine auseinander, und der dritte führt ihr die Kanone in die Vagina und zieht ab. Das habe ich gesehen.

Ja, so... Könnt ihr euch das vorstellen? Schlecht, nicht -?

Wie die Russen aus Laune Leute erschossen haben...die kamen in die Meinekestraße mit solchen Gläsern: „Maifeier!", schütteten die voll, legten uns auch Brot hin und zogen die Kanone.

„Nun trink -!" - „Weitertrinken -!!"

Ich konnt' das ex trinken, weil ich vom ersten Tag seit Kriegsbeginn gelatscht bin, an der frischen Luft war. Andere waren im Keller versteckt: Keine Luft, keine Bewegung. Wenn die sowas ex trinken mußten, oh, das ging schief!

Der Mensch neben mir im Keller trank auch, fiel um und war tot. Wer's nicht ex trank, so hab' ich's erlebt - jetzt nicht ein Bild vom „bösen Russen", das meine ich nicht im leisesten - es ist schwer, darüber zu sprechen: Aber den haben sie wirklich erschossen!

Man muß es erlebt haben, sonst wäre das 'ne Spottgeschichte. Es war Realität. Eine Art von Blutrausch...ich mag diesen Begriff nicht gern anwenden, aber er vermittelt die Möglichkeit zu einem gewissen Verstehen. Die haben (und das waren Leute mit so guten Gesichtern!) die haben dann - ach, es war Wahnsinn! - haben den Menschen erschossen, der das nicht ex trank...

Es waren die Anschläge an den Wänden, was man alles abzuliefern hatte: Vom Radio bis zur Schreibmaschine, von der kleinsten Handpresse oder Druckwalze, jeden unvorstellbaren Scheißdreck, jedes Fahrrad. Irrsinnig.

Und ich hatte meine ganze Druckerei zu stehen! Die hatte man natürlich zu melden.

Ich meldete nichts. Obwohl die Russen durchkamen und das sahen. Und einer kam rein und sagte: „Was ist das -?!"

Ja - ich erklärte es ihm.

Er sagte mir nicht, daß ich es melden müßte. Die Anschläge klebten ja überall an den Wänden.

Er ging wieder.

Wie dieses Buch entstand

Oskar Huth - Orgelbauer, Maler, schreibunwilliger Poet
- war über vier Jahrzehnte in Berliner Künstler- und
Literatenkreisen geschätzt für seine treffend-skurrilen
Wortprägungen wie für die Kunst, zu mitternächtlicher
Stunde auf einem verstimmten Klavier den Geist Schu-
berts zu beschwören. Die Entstehung der Kreuzberger
Nachkriegsbohème hat er mit inspiriert, sein Erschei-
nen, selten vor Mitternacht, trug einen Hauch verloren-
gegangener Urbanität in Lokalrunden, Vernissagen und
Lesungen. Günter Graß fügte ihn ein in die *Hundejahre*,
R. W. Schnell ließ ihn in der *Geisterbahn* barocke Mo-
nologe halten, Matthias Koeppel pries ihn auf
Starckdeutsch, G.B. Fuchs adaptierte viele seiner Wort-
schöpfungen und schrieb Verse über den Freund und
Zechkumpanen. Die Geschichte seines Abtauchens in
der Kriegszeit machte ihn damals schon zur lebenden
Legende. Sie kursierte in Bruchstücken: So der
Schwejkiade, mit der er einen Stabsarzt dazu brachte,
ihn auszumustern, dem Transport einer zentnerschwe-
ren Druckpresse mit Polizistenhilfe, der raffinierten
Fälschung von Lebensmittelmarken für sich und ver-

steckt lebende Berliner Juden - quasi vor aller Augen, in einem Verschlag neben dem Luftschutzkeller. Man wußte von Huths „maßgeschneidertem" Wehrpaß für Ludwig von Hammerstein-Equord, Mitverschwörer des 20. Juli, hörte von Blanko-Dokumenten, beschafft durch Malerfreund Trökes. All diese Puzzles verstreuten sich zu einem fragmentarischen Bild.

Seinen Lebensweg aufzuzeichnen, vor allem die Strecke seiner Illegalität, geisterte als Plan jahrzehntelang zwischen uns. Ihn auszuführen fehlte es uns an Eifer. Erst nach seinem Tode 1991 ging ich daran, aus einem Kassettenhaufen von Gesprächsmitschnitten - eigenen und solchen zweier Freunde - ein Stück Autobiographie im Originalton Huth herauszufiltern. Ursprünglich nur als Erinnerung für den engeren Kreis konzipiert, entstand unversehens ein Zeitdokument, das sich liest wie ein Schelmenroman - fesselnd auch für einen, der den Erzähler nicht gekannt hat.

Mein Dank für die vorliegende Buchfassung gilt dem Merve Verlag sowie Ulrich Wülfing und Sigurd Kuschnerus, die mir ihre Aufnahmen zur Verfügung stellten.

Berlin, im November 2000   *Alf Trenk*